红色广东丛书

中共广东
早期组织的创建

张 棣 朱孟光 编著

SPM
南方出版传媒
广东人民出版社
·广州·

图书在版编目（CIP）数据

中共广东早期组织的创建 / 张棣，朱孟光编著. —广州：广东人民
出版社，2021.6

（红色广东丛书）

ISBN 978-7-218-14269-2

Ⅰ . ①中… Ⅱ . ①张… ②朱… Ⅲ . ①中国共产党—地方组织—
史料—广东 Ⅳ . ①D235.65

中国版本图书馆CIP数据核字（2021）第017836号

ZHONGGONG GUANGDONG ZAOQI ZUZHI DE CHUANGJIAN

中 共 广 东 早 期 组 织 的 创 建

张棣 朱孟光 编著 　　　　　　　　　　　　版权所有 翻印必究

出 版 人：肖风华

出版统筹：钟永宁
责任编辑：曾玉寒 李宜励
装帧设计：时光机工作室 李卓琪
责任技编：吴彦斌 周星奎

出版发行：广东人民出版社
地　　址：广州市海珠区新港西路 204 号 2 号楼（邮政编码：510300）
电　　话：（020）85716809（总编室）
传　　真：（020）85716872
网　　址：http://www.gdpph.com
印　　刷：广东鹏腾宇文化创新有限公司
开　　本：787mm×1092mm　1/16
印　　张：11.5　　字　数：150 千
版　　次：2021 年 6 月第 1 版
印　　次：2021 年 6 月第 1 次印刷
定　　价：34.00 元

如发现印装质量问题，影响阅读，请与出版社（020-85716849）联系调换。
售书热线：（020）85716826

《红色广东丛书》编委会

主　编：陈建文

副主编：崔朝阳　李　斌　杨建伟　谭君铁

编　委：（以姓氏笔画为序）

总　序

百年征程波澜壮阔，百年大党风华正茂。习近平总书记在党史学习教育动员大会上指出："我们党的一百年，是矢志践行初心使命的一百年，是筚路蓝缕奠基立业的一百年，是创造辉煌开辟未来的一百年。"翻开风云激荡的百年党史，一代又一代中国共产党人，用鲜血和生命浸染了党旗国旗的鲜亮红色，书写了可歌可泣的历史篇章，铸就了彪炳史册的丰功伟绩。一百年来，党的红色薪火代代相传，革命精神历久弥坚，红色基因已深深根植于共产党人的血脉之中，成为我们党坚守初心、永葆本色的生命密码。

广东是一片红色的热土，不仅是近代民主革命的策源地，也是国内最早传播马克思主义、最早成立共产党早期组织的省份之一。在新民主主义革命的漫长历程中，广东党组织在中共中央的领导下，发动、组织和领导广东人民开展了一系列广泛而深远的革命斗争。1921年，广东党组织成立后，积极开展工人运动、青年运动，并点燃农民运动星火。第一、二、三次全国劳动大会连续在广州召开，全国工人运动的领导机关——中华全国总工会在广州诞生。中国社会主义青年团第一次全国代表大会在广州召开，促进了全国团组织的建立、发展。在"农民运动大王"彭湃领导下，农潮突起海陆丰影响全国。

1923年，中共中央机关一度迁至广州，中国共产党第三次全国代表大会在广州召开，推动形成了第一次国共合作，建立了国民革命联合战线，掀起了大革命的洪流。随后，在共产党人的建议下，黄埔军校在广州创办，周恩来等共产党人为军校的政治工作和政治教育作出了重要贡献，中国共产党也从黄埔军校开始探索从事军事活动。在共产党人的提议下，农民运动讲习所在广州开办，先后由彭湃、阮啸仙、毛泽东等共产党人主持，红色火种迅速播撒全国。1925年，广州和香港爆发省港大罢工，声援五卅运动，成为大革命高潮时期一个十分引人注目的重要斗争。1926年，在统一广东革命根据地后，国民革命军在广州誓师北伐，以共产党员为骨干的北伐先锋叶挺独立团所向披靡，铸就了铁军威名。在北伐战争胜利推进的同时，广东共产党组织和党领导的革命队伍迅速扩大和发展，全省工农群众运动也随之进入高潮。

1927年"四一二"反革命政变以后，广东共产党组织在全国较早打响反抗国民党反动派血腥屠杀的枪声，广州起义与南昌起义、秋收起义一起，成为中国共产党独立领导中国革命、创建人民军队的伟大开端。随后，广东党组织积极探索推进工农武装割据，在海陆丰建立第一个县级苏维埃政权，并率先开展土地革命，开启了中国共产党领导人民进行的最重大的社会变革。与此同时，广东中央苏区逐步创建和发展起来，为中国革命的发展作出了不可磨灭的贡献。1931年，连接上海中共中央机关与中央苏区的中央红色交通线开辟，交通线主干道穿越汕头、大埔，成功转移了一大批党的重要领导，传送了重要文件和物资，成为土地革命战争时期党的红色血脉。1934年，中央红军开始了举世瞩目的长征，广东是中央红军从中央苏区腹地实施战略转移后进入的第一个省份，中央红军在粤北转战21天，打开了继续前进的通道，成功走向最后的胜利。留守红军在赣粤边、闽粤边和琼崖地区进行了艰苦卓绝的游击战争，高举红旗永不倒。

抗战全面爆发后，中共中央和中共中央长江局、南方局十分重视和加强对广东党组织的领导，选派了张文彬等大批干部到广东工作。日军侵入广东以后，广东党组织奋起领导广东人民开展敌后抗日游击战争，成立了东江纵队、琼崖纵队、珠江纵队、广东人民抗日解放军、南路人民抗日解放军和韩江纵队等抗日武装，转战南粤辽阔大地，战斗足迹遍及70多个县市。华南敌后战场成为全国三大敌后抗日战场之一，党领导的广东人民抗日武装被誉为华南抗战的中流砥柱。香港沦陷以后，在中共中央的领导和周恩来等人的精心策划安排下，广东党组织冲破日军控制封锁，成功开展文化名人秘密大营救，将800多名被困香港的文化名人、爱国民主人士及家眷、国际友人等平安护送到大后方，书写了抗战史上的光辉一页。

解放战争时期，在中共中央的领导下，华南地区大力开展武装斗争，开辟出以广东为中心的七大块游击根据地，成立了中国人民解放军琼崖纵队、粤赣湘边纵队、闽粤赣边纵队、桂滇黔边纵队、粤中纵队、粤桂边纵队和粤桂湘边纵队等人民武装，其中仅广东武装部队就达到8万多人，相继解放了广东大部分农村，在全省1/3地区建立起人民政权，为广东和华南的解放创造了有利条件。在广东党组织的配合下，人民解放军南下大军发起解放广东之役，胜利的旗帜很快插遍祖国南疆。

革命烽火路，红星照南粤。广东见证了中国共产党从新生到大革命、土地革命，再到抗日战争、解放战争等革命斗争全过程。其间，毛泽东、周恩来、刘少奇、朱德、邓小平、叶剑英、彭德怀、刘伯承、贺龙、陈毅、聂荣臻、徐向前、李富春、粟裕、陈赓等老一辈革命家和李大钊、蔡和森、瞿秋白、陈延年、彭湃、叶挺、杨殷、邓发、张太雷、苏兆征、杨匏安、罗登贤、邓中夏、恽代英、萧楚女、阮啸仙、张文彬、左权、刘志丹、赵尚志等一大批革命先烈都在广东战斗过，千千万万广东优秀儿女也在革命斗争中抛头颅、洒热血，留下了光照千秋的革命历史和革命精神。广东这片红色热土，老区苏区遍布全省，大大小小的革命遗址分布各地，留下了宝贵而丰厚的红色文化历史遗产。

习近平总书记强调，中国革命历史是最好的营养剂。重温这部伟大历史能够受到党的初心使命、性质宗旨、理想信念的生动教育，必须铭记光辉历史、传承红色基因。我们有责任把党领导广东人民进行革命斗争的光辉历史和伟大功绩研究深、挖掘透、展示好，全面呈现广东红色文化历史，更好地以史铸魂、教育后人，让全省人民在缅怀英烈、铭记历史中汲取砥砺奋进的强大力量，让人们深刻认识红色政权来之不易，新中国来之不易，中国特色社会主义来之不易，确保红色江山的旗帜永远高高飘扬。

为充分挖掘广东红色文化资源的丰富内涵，我们组织省内党史、党校、社科、高校等专家学者，集智聚力分批次编写《红色广东丛书》。丛书按照点面结合、时空结合、雅俗结合原则，分为总论、人物、事件、地区、教育五个版块。总论版块图书，主要综述中国共产党在广东的革命斗争历史概况，人物版块图书主要讴歌广东红色人物，事件版块图书主要论说党领导广东人民开展革命斗争的历史事件，地区版块图书从地市和历史专题角度梳理广东地域红色文化，教育版块图书着力打造面向青少年及党员的红色主题教材。丛书以相关的文物、文献、档案、史料为依据，对近些年来广东红色文化资源研究成果做了一次全面系统梳理，我们希望这套丛书能为党史学习教育、革命传统教育、爱国主义教育提供重要内容支撑。

一切向前走，都不能忘记走过的路，走得再远、走到再光辉的未来，也不能忘记走过的过去，不能忘记为什么出发。站在"两个一百年"的历史交汇点上，我们要更加坚定自觉地学史明理、学史增信、学史崇德、学史力行，赓续红色血脉，传承红色基因，以一往无前的奋斗姿态、风雨无阻的精神状态，推动广东在全面建设社会主义现代化国家新征程中走在全国前列、创造新的辉煌。

《红色广东丛书》编委会

2021年6月

目录
CONTENTS

一 近代民族危机与广东人民的抗争

广东濒临太平洋，受列强侵略最早，早在16世纪，葡萄牙就霸占了澳门，西方列强接踵而至。1840年帝国主义用炮舰首先进攻广东的虎门，发动了震惊中外的鸦片战争。这个东方古老中国的大门被打开。近代广东社会也就在这千古变局中发生着深刻的剧变。在外敌入侵和封建专制统治下，国家被瓜分、人民被欺凌，百姓疾苦较他处更甚。处在日益加深的民族危机面前，广东人民积极地担当起追求民族独立与社会进步的历史使命，无数仁人志士奋起抗争。历史在前进，新的社会力量在孕育成长。广东人民成为近代爱国斗争的先锋力量！

1840年第一次鸦片战争爆发

（一）林则徐虎门销烟，揭开中国近代反侵略斗争的序幕

在天安门广场人民英雄纪念碑的浮雕中，第一块就是虎

门销烟。180年
前，民族英雄林
则徐力主禁烟。
虎门销烟揭开了
近代中国反侵略

天安门广场人民英雄纪念碑虎门销烟浮雕

斗争的序幕。对于中国来说，这场战争是一块界碑。它铭刻
了中国古老的社会在炮口逼迫下走入近代的最初一步。中国
开始面对"千年未有之大变局"。

1. 罪恶的鸦片贸易导致"烟毒"笼罩中国

从乾隆末年开始，清王朝已经在走下坡路，然而统治者
还沉浸在天朝上国的迷梦中。此时的英国，经过资产阶级革
命和工业革命，综合国力早已超过了中国，西方殖民者觊觎
中国庞大的市场，但是大清帝国自给自足的自然经济让外国
商品在中国市场举步维艰。为扭转逆差，牟取暴利，以英国
为首的西方资本主义国家不顾道义法则，不惜通过武装走私
把鸦片大量输入中国。

鸦片走私为西方国家带来巨大利益，却给中国带来了巨
大的灾难。1800—1839年，西方国家输入中国的鸦片近64
万箱，流出中国的白银约4亿两。道光十八年（1838），当
时中国约有四五百万人吸食鸦片。鸦片不但戕害了他们的身

体，而且泯灭了他们的良知，种种罪恶因此而生。

2. 林则徐虎门销烟的壮举

面对屡禁不止的鸦片，时任湖广总督林则徐给道光皇帝的奏折中指出："当鸦片未盛行之时，吸食者不过害及其身，故杖徒已足蔽辜……是使数十年后，中原几无可以御敌之兵，且无可以充饷之银。"对此，道光皇帝深感事态严重，于是任命林则徐为钦差大臣，于1839年1月8日赴广东禁烟。

林则徐在广州天字码头登岸，开始了他在广东查禁鸦片的壮举

3月18日，林则徐毅然发出收缴外商鸦片的命令，限期3天，到期不缴，则封舱封港。迫于压力，英国驻华商务监督义律终于屈服，命令英商交出所有鸦片。从4月11日至5月18日，林则徐只用了38天就收缴英美鸦片2万多箱。6月3日，根据道光皇帝的谕令，林则徐在虎门海滩开挖了两个边长50余米的销烟池，用于销毁鸦片。销烟现场向沿海居民和外国

人开放。这次销烟历时23天，共销毁鸦片237万多斤。

虎门销烟是中国面对罪恶的鸦片贸易采取的一次果

虎门销烟

断行动，向全世界表明了中国人民反抗侵略的决心和勇气，沉重地打击了外来侵略者的嚣张气焰。禁烟运动的胜利，振奋了民族精神，唤醒了国人的爱国意识，同时也维护了中华民族的尊严和利益。林则徐以其廉洁正直的品格以及面对列强决不妥协的浩然正气，成为中国的民族英雄，爱国志士的代表。

3. 鸦片战争爆发，关天培坚守炮台

虎门销烟成为鸦片战争的导火索，英国政府借口"保护通商口岸"，派兵侵略中国，1840年6月，鸦片战争爆发。英军舰队到达广州海面，因为广州军民在林则徐领导下防守严密，英军无机可乘，转攻厦门，也被击退。后来英军乘浙江防务空虚，攻占定海，并沿海北上攻占天津海口大沽。清政府被洋枪洋炮吓破了胆，把林则徐革职，并派主降派直隶总督琦善代替林则徐任钦差大臣前往广东。在谈判进行中，

广东水师提督关天培率军誓死应战

英军突然攻占沙角炮台（即穿鼻炮台）和大角炮台，单方面拟定《穿鼻草约》要求"割让香港岛屿和港口给英国"。

1841年2月，英军对虎门要塞发动总攻，以战舰10艘、汽船3艘，配以登陆部队，猛攻关天培所在的靖远炮台。战斗从中午到深夜，打得异常激烈。年逾六旬的关天培亲自指挥，开炮还击敌军。英国司令向关天培发出最后通牒，令其放弃虎门各炮台，关天培不予理睬。至傍晚时英军攻入炮台，关天培持刀奋战，被砍伤左臂，受伤10多处，但他仍屹立阵前，亲手燃炮射击。这位年逾六旬的老将不幸中弹殉国。虎门炮台被攻陷，守卫炮台的400多名将士，全部壮烈殉国。

5月英军又占领了广州泥城、四方炮台，炮击广州。8月，英国扩大侵略战争，攻陷厦门。1842年，英军沿长江向下游进攻，6月攻陷吴淞，7月攻陷镇江，进犯南京。腐朽的清政府向侵略者屈膝投降，于1842年8月，签订了丧权辱国的《南京条约》。从此中国开始沦为半殖民地半封建社会，民族危机日益加重。

（二）三元里人民齐抗英，痛击敌寇彰显威力

广州市三元里的三元古庙，建于清代初期。如果说林则徐"虎门销烟"体现了统治阶级对外国侵略的抗御，那么三元里和其他地区的人们则代表了中国民众在炮口震撼下的自发抵御。三元里人民揭开了近代中国普通民众反侵略斗争的序幕，谱写了中国近代史光辉的一页。

1. 英军进犯，三元里乡民自发反击

三元里位于广州北部，靠近四方炮台和泥城炮台，是一个有几百户居民的村落。1840年6月，英国政府发动了蓄谋已久的第一次鸦片战争。1841年5月，英军攻陷四方、泥城炮台后，又炮轰广州。靖逆将军奕山乞降，与英军签订了《广州和约》，规定：英军不攻广州城，但奕山须在7日内交给英军"赎城费"600万元，赔偿英国商馆损失30万元，而且奕山和清军要退出广州城60里之外。清政府的妥协退让，更使英国侵略者得寸进尺，猖狂至极。据史料记载，就

在《广州和约》签订后的第二天，英军分队到广州附近各乡，昼夜滋扰，烧杀掳掠。奕山等人的卑躬屈膝，以及英侵略者在广州的暴行，激起三元里一带人民的义愤，他们挺身而出，拿起锄头铁锤担负起反侵略斗争的重任。

1841年5月29日，盘踞在广州北部炮台的英军，窜入三元里奸淫抢劫，村民鸣锣警告，奋起抵抗，当场击毙英兵数名，其余英兵见势不妙，仓皇逃窜。三元里乡民抗英斗争由此开始。

2. 牛栏冈痛歼敌寇

1841年5月29日，三元里附近103个乡的群众代表齐聚三元古庙，共同宣誓："旗进人进，旗退人退，打死无怨"。5月30日凌晨，三元里和附近乡民5000人，手持锄头、铁锹、木棍、刀、矛、鸟枪向英军盘踞的四方炮台进发。英军慌忙迎战，民众按照计划将敌人引入包围圈中，早已埋伏好的民众利用有利地形，立即发动猛攻。激战中，一个英勇的农民见一侵略者手执红旗，胸口佩戴护心铜镜，他随即上前，用大刀把侵略军先锋毕霞"砍倒，立即枭首"，侵略军见毕霞丧命，前进不能、后退不得，被重重围困在牛栏冈一带。

天遂人愿，下午突然大雨倾盆，英军火枪无用武之地，加上道路泥泞，英军士气低落。三元里民众得天时地利人和，乘势猛攻，双方展开肉搏战，对敌人"杀之如切瓜"，英军乞求饶命之声震荡山谷。敌军增援部队到达后，被围英军才得以撤回四方炮台。

三元里人民抗英

这次战斗击毙英军近50名，还缴获了大量战利品，给侵略者以沉重打击。

31日，番禺、南海、花县、增城等县400余乡的群众数万人赶来，与三元里人民一起，再次将四方炮台重重包围。英军无奈，只好向清政府求救。奕山即派广州知府余保纯率同南海知县、番禺知县赶来替侵略军解围，他们以欺骗和威胁的手段，强迫解散群众队伍。英军乘机撤出了四方炮台，得以逃脱。

3. 揭开人民反侵略新篇章

三元里人民给英国侵略者以巨大打击，迫使英国侵略者撤围广州，使广州免于陷落敌手。然而，值得注意的是，广州人民英勇抗击英国侵略者，清朝政府却对英国侵略者怕得要命，不但妥协投降，还拼命阻挠破坏人民的抗英斗争。

正如广州地区一首歌谣所唱："官怕洋鬼子，洋鬼子怕百姓。"这首歌谣通俗易懂地概括了当时清政府、中国人民、外国侵略者三方之间的关系，同时也反映了中国人民坚决反抗外来侵略，以及其所起的伟大历史作用。

"自从航海屡交锋，数万官军无此绩"。广东三元里农民抗英斗争，以原始落后的武器打败了军事装备先进的英军，充分显示了广东人民群众的力量和敢于同侵略者斗争的英雄气概，极大地鼓舞了中国人民不畏强暴敢于抗击外侮的勇气和斗志。从此，以三元里人民抗英斗争为代表的广东人民的反侵略斗争，揭开了近代中国人民抗击外国侵略的历史新篇章。

（三）康有为、梁启超兴办万木草堂，策源维新变法影响全国

在广州越秀区中山四路长兴里3号，一座祠堂式老建筑隐匿在嘈杂喧哗的闹市中，这就是著名的万木草堂。康有为曾在此收徒讲学，宣传变法救国思想，扛起了维新变法的大旗。1895年，康有为和梁启超、陈千秋、麦孟华、徐勤等一批弟子从这里出发北上，启动了轰轰烈烈的戊戌变法，在中国近代史上留下了光辉的一笔。

广州万木草堂，康有为曾在此收徒讲学

1. "制造新国之才"挽救民族危亡

19世纪末，列强掀起瓜分中国的狂潮，中国面临着亡国灭种的严重危机。一些有志之士开始放弃对洋务运动的幻想，积极寻找新的救国道路。正是在这一历史背景下，康有为、梁启超等维新派挺身而出，呼吁通过变法来谋求国家的富强，以挽救民族危亡。

1888年，31岁的康有为乘在北京参加顺天乡试的机会，给光绪帝写了一封5000字左右的上书，提出"变成法、通下情、慎左右"的建议，要求学习西方，实行维新，挽救危局。但是，他的上书没有到达皇帝那里。相反，被认为是书生狂言，"咸大怪而姗笑之"。

1890年夏，康有为来到广州。在这里，康有为及他的变法思想渐渐出了名。随后，陈千秋、梁启超先后慕名到此求学。随着前来学习维新思想的学生不断增加，讲学地点几经变迁，最终于1893年冬搬到如今广州市第一工人文化宫内的广府学宫仰高祠，并取名为万木草堂，取"将倾之大厦，必须有万木扶持，而非一木所能胜任，故欲集天下英才而教之，冀其学成，群策群力，以救中国"之意。

2. "万木森森散万花"，维新变法策源地

康有为在万木草堂讲学7年期间，培养了百余名学者，以及一大批戊戌变法的骨干人才。公车上书失败后，维新派积极进行宣传和组织活动，著书立说，介绍外国变法经验教训，在各地创办了许多报刊、学会、学堂，为变法制造舆论，培养人才。

1895年4月，日本逼签《马关条约》的消息传到北京，在康有为、梁启超等的组织发动下，在北京应试的1300多名举人联名上书光绪帝，痛陈民族危亡的严峻形势，提出拒和、迁都、练兵、变法的主张，史

康有为（左）与梁启超（右）

称"公车上书"。但上书因顽固派的阻挠而没有送到光绪帝的手中。1895年8月17日，康有为、梁启超等人在北京创办《万国公报》宣传变法，并组织强学会。1896年8月，《时务报》在上海创刊。又在长沙创办时务学堂，维新思想传播到全国各地。

"万木森森散万花，垂珠连璧照江霞。"应当说，康有为以培植万木为国栋梁之寓意创办万木草堂，以其所独具的办学特色，为维新变法做了理论和人才上的准备，更促进了教育、文化的近代化进程。

3. 戊戌六君子"去留肝胆两昆仑"

1897年冬，德国出兵强占胶州湾。在严重民族危机的激发下，维新变法运动迅速发展。康有为上书光绪帝，指出形势迫在眉睫，如果再不变法，国亡民危。光绪帝接见康有为，表示不做亡国之君，让康有为全面筹划变法。

1898年6月11日，光绪帝颁布了《明定国是》诏书，变法正式开始。变法期间，光绪帝先后发布上百道变法诏令，除旧布新。

但是，维新变法严重触动了以慈禧为首的守旧势力的利益。1898年9月21日，凌晨，慈禧太后突然从颐和园赶回紫禁城，直入光绪皇帝寝宫，将光绪皇帝囚禁于中南海瀛台；

然后发布训政诏书，再次临朝"训政"，下令捕杀在逃的康有为、梁启超等，戊戌变法失败。

1898年9月28日，谭嗣同、杨锐、刘光第、林旭、杨深秀、康广仁"六君子"，在北京菜市口被砍头。

虽然戊戌变法最终失败了，但是它所倡导的维新思想越发深入人心。"戊戌六君子"中的谭嗣同在狱中题诗："我自横刀向天笑，去留肝胆两昆仑"，他们抛头颅洒热血的慷慨就义精神，鼓舞着一代又一代有识之士为了争取国家的独立富强而前仆后继。

（四）孙中山策动黄花岗起义，拉开辛亥革命的序幕

位于街巷深处的广州越华路小东营5号，是一处青砖绿瓦的古迹，黄花岗起义指挥部旧址就坐落于此。黄花岗起义直接地推动了全国革命高潮的到来，为此后不久爆发的武昌起义的胜利及推翻帝制、建立民国开辟

起义指挥部

了道路。

1. 孙中山：创办兴中会开展反清革命

甲午中日战争以后，帝国主义列强掀起了在中国划分权益与势力范围的狂潮。1901年《辛丑条约》的签订，标志着帝国主义列强开始实现对中国的全面控制，国人对清王朝不再抱有幻想，广大人民群众自发的反抗斗争在全国此起彼伏。在此背景

孙中山

下，以孙中山先生为代表的资产阶级革命派开始登上了历史舞台。

1866年11月12日，孙中山出生于广东香山县一个普通的家庭。1875年，孙中山入村塾读书，接受传统教育。孙中山的父亲，年轻时在澳门当过鞋匠。孙中山常随父母往来澳门与家乡之间，澳门中西文化交融，繁荣发展，幼年的孙中山耳濡目染。1878年，12岁的孙中山随母赴檀香山。他的长兄孙眉资助孙中山先后在檀香山、广州、香港等地比较系统地接受西方式的近代教育。

孙中山分别于1894年11月和1895年2月在檀香山和香港建立了中国最早的资产阶级革命小团体——兴中会，制订了

"驱除鞑虏、恢复中华、创立合众政府"的入会誓词,第一次向中国人民提出推翻清王朝、建立资产阶级民主共和国的政治目标。

2. 革命志士前仆后继举行起义

资产阶级革命派在广东不断策划反清武装起义,在广州近郊活跃地进行反清斗争。一批又一批的革命志士屡败屡战,毫不气馁,令清朝统治者如坐针毡,惶恐不安。1910年,孙中山秘密召集同盟会领导人及骨干成员开会,分析当时形势,确定再次发动起义,广州自然成为起义的首选地点。

1911年4月27日下午5时半,一声锣响,黄兴亲率"选锋"队员(即敢死队)约130人,臂缠白巾,直扑两广总督署。他们以视死如归的勇气投入战斗,决心用自己的鲜血和生命来感动同胞,警醒大众。黄兴等放火焚烧督署衙门,然后从东辕门杀出,遭遇水师提督的亲兵大队,双方

广州黄花岗起义

激战。黄兴右手受伤，断了两指，仍奋力指挥。这次起义经过一昼夜的浴血奋战，最后以失败而告终，共牺牲86人。起义失败后，广州革命党人潘达微多方设法，冒着生命危险收敛烈士遗骸72具，合葬于广州黄花岗（现查得此次死难烈士陈文友等有姓名者共86人），史称"黄花岗七十二烈士"。

3. 斯役"惊天地、泣鬼神，与武昌革命之役并寿"

黄花岗起义是以孙中山为首的中国同盟会发动的一次大规模反清武装斗争，它动员了革命党人的主要力量，并建立了组织领导机构。黄花岗起义在全国性革命风暴来临的前夜，有如一声春雷震醒了大地，预告着新的更大规模的斗争的到来。辛亥革命后，孙中山先生于1921年应邹鲁的请求为《黄花岗七十二烈士事略》所作的序言中写道："则斯役之价值，直可惊天地、泣鬼神，与武昌革命之役并寿。"

当时革命力量是脆弱的，起义的准备和组织是不严密不周全的。但是，为了拯救祖国，为了实现自己的理想

黄花岗起义七十二烈士墓

信念，革命志士却无惧牺牲，从容赴难。这次起义虽然失败，但推进了中华民族的思想解放，打开了中国先进分子探索救国救民道路的新视野，激励了中国人民为争取民族独立和人民解放、实现国家富强而更加勇敢地奋斗，成为中国人为改变自己命运而奋起革命的伟大里程碑。

（五）孙中山领导护法运动，南粤受挫改弦更张

位于广州市海珠区纺织路东沙街18号，有一座三层拱券式西式风格建筑，这就是当年的护法军政府。1917年，孙中山先生号召护卫《中华民国临时约法》，打倒北洋军阀的虚假共和，重新建立新生共和的民主法统。并在广州组织护法军政府，就任大元帅。

广州大元帅府

1. 捍卫共和"竟辛亥革命之功"

辛亥革命结束了长达两千余年的封建帝制，建立了资产阶级共和国，是空前的革命壮举，对中国社会迈向近代化的进程产生了巨大推动作用。然而，辛亥革命后，袁世凯为谋专制独裁，制造了宋教仁案，破坏约法。孙中山毅然发动了二次革命。

1916年袁世凯死后，孙中山在中国恢复民主共和制度的设想，并没有得到实现。把持北京政权的以段祺瑞为首的北洋军阀，继承袁世凯的衣钵，大搞专制独裁，段祺瑞与黎元洪发生了"府院之争"。1917年6月，张勋公然拥戴溥仪复辟帝制。消息传出，遭到全国人民的同声谴责。7月12日，反对复辟的"讨逆军"开入北京，溥仪再次宣布退位，复辟丑剧开场12天即告破产。孙中山目睹护国运动结束后军阀、政客纷争不已，共和制度形同虚设，反动势力日益猖獗，内心十分激愤。孙中山决定采取切实措施，予以抵制。

2. 广州树起护法义帜，建南方政权

1917年7月1日，张勋策动的帝制复辟丑剧开场，孙中山于3日邀程璧光等人会商，决定通电全国，南下护法，讨伐叛逆。7月6日，孙中山乘"海琛号"军舰由上海启程赴广州，组织护法运动。

孙中山任大元帅时正装像

在广州黄埔欢迎会上，孙中山再次指出："中国共和垂六年，国民未有享过共和幸福，非共和之罪也；执共和国政之人，以假共和之面孔，行真专制之手段也。故今日变乱，非帝政与民政之争，非新旧潮流之争，非南北意见之争，实真共和与假共和之争。"

9月1日，孙中山当选为中华民国军政府大元帅，唐继尧、陆荣廷为元帅。孙中山在就陆海军大元帅职答词中，表示"当竭股肱之力，攘除奸凶，恢复约法，以竟元年未尽之责，雪数岁无功之耻"。孙中山阐明了护法战争的正义性，指出："我南方为护法而起"，"讨伐军阀及卖国贼，无非为护法主义及国家生存计。此不能名为南北战争，实共和主义与军阀主义宣战，爱国者与祸国者宣战。"

3. 护法受挫，南北军阀"如一丘之貉"

孙中山领导的护法运动，从一开始就遭遇到许多困难，最突出的是缺乏一支可靠的武装力量。唐继尧、陆荣廷以及桂系军阀莫荣新等人对孙中山的护法主张并不感兴趣，甚至处处与孙中山为难。尽管处境不利，孙中山仍竭尽所能，组织护法运动。

1917年冬，北洋军阀内部直、皖两系矛盾有了发展，进兵湖南的直系军队在美、英帝国主义的撮合下，同滇、桂系相勾结，主张南北停战议和。陆荣廷、唐继尧起而响应。孙中山坚决反对。1918年5月，桂系、滇系势力伙同反对孙中山的政学系议员，操纵国会非常会议，居然通过《中华民国军政府组织大纲修正案》，决定改组军政府，取消"大元帅制"，改设"七总裁合议制"，蓄意赶走孙中山，孙中山的权力不断被架空。5月4日，孙中山辞去大元帅职务。孙中山深感"夫去一满洲之专制，转生出无数强盗之专制，其为毒之烈，较前尤甚"。在辞职通电中，他激愤地指出："顾吾国之大患，莫大于武人之争雄，南与北如一丘之貉。"

此后数年，孙中山在俄国十月革命和五四运动中倍获新的思想养料与启迪；也在总结辛亥革命以来屡战屡败经验教训的基础上，对国情及世界潮流产生了诸多新认识。这一切都震撼并冲击着他早年奠定的旧三民主义思想体系，使之发生了质的改变与升华，走上了联俄、联共的道路。

（六）工人阶级在壮大，罢工斗争有力量

19世纪40年代起，伴随着外国资本主义势力的入侵，广

东成为早期中国工人阶级主要的诞生地。由于深受外国侵略和资本家的压迫剥削，广东工人阶级更具有反抗侵略、压迫和剥削的斗争坚定性。广东也由此成为中国早期工人运动的始发地。

1. 近代工业领先发展，工人阶级队伍壮大

广东近代工业是19世纪40年代开始出现的，广东工人阶级则是伴随着外国资本、中国早期官僚资本和中国民族资本所兴办的近代工业而产生和发展起来的新兴阶级。

广东的近代产业工人最早产生于外国资本在广东经营的企业。50年代以后，英、美等国外资本经营的船坞增多，大批来自广东各地的农民、船民和手工业者形成了广东也是中国的第一代工人。

到19世纪70年代，中国的近代企业率先在广东出现。1872年，华侨陈启源在广东南海县创办了中国第一家近代民族资本企业——继昌隆缫丝厂。80年代，两广总督张之洞创办广东机器铸钱局。自此，各种"官办"、"官商合办"和民族资本主义企业纷纷出现，产业工人不断壮大。

19世纪末至20世纪初，帝国主义对中国的经济侵略，由以商品输出为主变为以资本输出为主。此时的广东机器缫丝业也迅速发展，广州附近出现了一支人数较多、人员集中的近代产业女工队伍。

第一次世界大战期间，帝国主义忙于战争，暂时放松了对中国的经济侵略，广东的民族资本产业得到了进一步发展的机会，广东工人阶级队伍也随之不断发展壮大。

2.　广东的特殊环境生成工人阶级特点

广东工人阶级与大工业相联系。工人阶级是人类历史上最进步、最有前途的阶级，富有革命的彻底性、大公无私的精神和严格的组织纪律性，并与农民有着天然联系，有利于结成工农联盟。此外，广东工人阶级在特有环境下还形成了自己的特点。

广东较早向半殖民地半封建社会转化，工人阶级受帝国主义、封建主义和资本主义的各种压迫和剥削尤其深重。广东近代工业分布较为集中，大部分企业设于香港、广州两地。企业集中带来工人的集中。工人集中则有利于工人的组织和工人运动的发动，有利于提高工人队伍的战斗力。

广东是全国华侨最多的省份，也是民族资本企业较多、民族资产阶级力量较大的地区。民族资产阶级既受到本国封建统治阶级的压迫，又受到外国资本主义、帝国主义的打击，具有反帝、反封建的革命性一面。他们与广东工人阶级的关系，既有剥削与被剥削的一面，又有结成反帝、反封建斗争联盟的可能性一面。正因如此，广东早期一些工人曾追随资产阶级参加民主革命，尔后，广东又成为国共合作的策源地。

3. 广东工人阶级的自发斗争

广东工人阶级反侵略、反压迫和反剥削的斗争，是从这个阶级一诞生就开始的。早在1844年10月，香港工人为反抗香港当局勒收"人头税"而举行罢工，斗争坚持了3个多月，终于迫使当局宣布这项税收缓期施行。

在广东早期工人运动中，为适应斗争需要，.已有工人开始结成团体。1904年，广州的木匠、石匠及油漆工人曾联合建立工会。1909年，孙中山派人到国内的工人中从事组织工作，在孙中山影响下，香港海员工人先后成立联义分社、海员公益会、中华海员慈善会。到中国共产党成立之前，仅广州一地，就有各种各样的工会62个。

1919年五四运动前，广东工人运动处于自发阶段。斗争规模不大，比较分散、孤立，不可能从根本上摆脱民族和阶级的压迫。历史经验表明，工人阶级只有用先进的理论武装起来，只有在本阶级革命政党的领导之下，才能够肩负起历史使命。

五四运动中，广东的工人阶级开始登上中国新民主主义革命斗争的政治舞台。五四运动之后，随着爱国运动的兴起和马克思主义的传播，工人阶级迅速觉醒，工人运动进一步发展。工人阶级成为中国革命的中坚力量！

二 五四运动与广东青年的觉醒

近代以来，中国社会群狼环伺，列强横行，国民灾难深重。中国人民的反帝反封建的抗争又屡遭挫折。中国向何处去？无数爱国青年、仁人志士思索着、寻求着——"沉浮谁主问苍茫，春雷一惊撼神州。"这是一个巨变的时代！五四运动犹如春天的巨雷，冲击着一个旧世界，迎接着一个新世界，成为中国近现代革命的里程碑！让我们看到了青年人的力量，看到了人民的力量！

五四运动浮雕像

1919年5月4日，北京爆发了反帝爱国学生运动。这是一场以青年知识分子为先锋，得到全国人民支援的大规模群众运动。处于革命斗争前沿的广东青年也迅速群起响应。五四运动带着以往爱国运动从未曾有过的姿态，像火山一般地爆发起来。广东青年经过五四运动的洗礼，成为中国较早一批投入革命的蓬勃力量，登上了中国共产党创建的历史舞台！

（一）巴黎和会争主权，五四运动起京华

五四前夕，尽管中华民国的建立取代了清王朝，但中国仍然处于军阀割据状态，民不聊生。控制民国政权的北洋政府内部派系林立、争权夺利、矛盾重重。对外依赖帝国主义的支持，对内压制人民。一场空前的爱国运动在新文化运动的推动下终于酝酿爆发了。

1. 巴黎和会，中国外交失败

巴黎和会上中国外交的失败成为五四运动的直接导火索。1914年至1918年，历时4年的第一次世界大战结束。1919年1月18日，第一次世界大战的战胜国（英、法、美、俄、中等27个协约国），在法国召开巴黎和会，主要讨论对战败国（德、意等同盟国）的战后处置问题。中国作为战胜国之一，派出了陆征祥、顾维钧等5位代表参加会议。

中国代表在会上提出合理要求：废除外国在中国的势力范围、撤退外国在中国的军队和取消"二十一条"等正义要求。但巴黎和会迫于日本的无理要求，藐视中国，竟然拒绝了中国代表提出的要求，决定将德国在中国山东的权益转让给日本。（由此引爆五四运动）

北洋政府屈服于帝国主义的压力，居然准备在《协约国

和参战各国对德和约》上签字。最终，英、美、法、日、意等国不顾中国民众呼声，在1919年6月28日还是签订了《协约国和参战各国对德和约》，即《凡尔赛和约》，仍然将德国在山东的权益转送日本。

在巴黎和会上，中国政府的外交失败，直接引发了中国民众的强烈不满，一场由中国青年知识分子充当先锋、席卷全国的反帝反封建爱国运动像火山一样爆发了！

2. 《晨报》传消息，北大学子血书"还我青岛"

五四运动前夕，全国上下都在密切关注着巴黎和会的动态。身在法国的广东爱国人士梁启超，当得知青岛主权可能不保，心急如焚，急电北京汪大燮、林长民两位总长转外交协会，"对德事闻将以青岛直接交还，因日使力争，结果英、法为所动。吾若认此，不啻加绳自缚，请警告政府及国民，严责各全权，万勿署名，以示决心"，力挽救国。

林长民在激愤中用血泪疾书《外交警报敬告国民书》，

梁启超

林长民

《晨报》

发表在5月2日的《晨报》上。"昨得梁任公先生巴黎来电，略谓：青岛问题，因日使力争结果，英法颇为所动，闻将直接交于日本云云。——国亡无日，愿合我四万万众誓死图之。"疾呼国民，维护国权！

此消息迅速传开，中国社会各界异常愤懑，北京各大学的青年知识分子爱国热情激烈地迸发出来，北京大学率先起来组织酝酿抗议救国行动。

5月3日，北大校园内沸腾起来了！学生们都怀着一颗赤诚的心、满腔的怒火奔向北河沿法科礼堂。在夜幕降临的时候，北河沿法科礼堂内外，挤满了来开会的学生。除北京大学1000多名学生全体参加

谢绍敏

外，还有北京十几所学校的学生代表。会议开始后，许多学生在会上发言。北大"法科学生谢绍敏悲愤填膺，当场将中指啮破，裂断衣襟，血书'还我青岛'四字，揭之于众，这就更激励了全体学生的情绪"。会议结束时，已经是深夜11点。这次会议决定，第二天齐集天安门，举行学界大示威。五四运动由此爆发。

3. 示威游行，"争主权、除国贼"

北京的爱国运动率先爆发！1919年5月4日下午2时，北京大学、北京高等师范（今北京师范大学前身）以及工业、农业、医学、政法等十几所专科以上学校的3000余名学生冲破反动军警的阻挠，从四面八方汇聚到天安门前，举行抗议集会，北京高等师范学校学生最早到达天安门。他们打出"誓死力争，还我青岛""收回山东权利""拒绝在巴黎和约上签字""废除二十一条""抵制日货""宁肯玉碎，勿为瓦全""外争主权，内除国贼"等口号，并且要求惩办卖国贼：曹汝霖、章宗祥、陆宗舆。天安门前金水桥南边高悬的一副对联引人注目：卖国求荣，早知曹瞒遗种碑无字；倾心媚外，不期章惇余孽死有头。表达了人民对军阀卖国行为的深恶痛恨。

接着学生游行队伍冲向签订"二十一条"的外交次长曹汝霖的家。五四当天，在总统府用过午宴的章宗祥与曹汝霖一同回到曹宅，见学生到来，曹汝霖急忙躲避，未被发现，而章宗祥因躲避不及被学生痛打了一顿，这就是"痛打章宗祥"。学生们未找到曹汝霖，北京高等师范学校数理部的匡互生，带头火烧了曹汝霖的家——赵家楼，之后反动军警逮捕了学生代表32人。

北京学生示威游行

　　反动政府的倒行逆施更激起了社会各界义愤，纷纷支持学生的爱国行动。5日，北京各大专科学校开始总罢课。6日，天津、上海等20多所院校行动起来，声援北京的学生。社会名流和各界人士也纷纷谴责反动当局。五四运动迅速获得各省的声援响应，一场规模宏大的五四运动以蓬勃之势席卷全国。

（二）南粤青年速应援，省港掀起爱国潮

　　广东青年拥有着爱国品格，他们在国家危难当头，积极担负起救亡图存的历史责任，表现出极大的爱国热忱。五四运动京华发端，广州迅速应援，全省响应。

1. 南粤青年，拥有爱国传统

　　1840年鸦片战争打开了中国的大门，广东成为近代民主革命的策源地，无数南粤青年扛起了爱国的大旗，成为反帝

反封建斗争的先锋。在1919年五四运动前夕，青年学生们更加广泛地组织爱国团体，开展救亡图存活动。

坚决反对"二十一条"卖国条约，开展国耻日纪念活动，是广东爱国运动重要前奏。广州和全省各地，以至在国外留学的广东籍学生视"五七""五九"为国耻日，每年都开展纪念活动，救亡图存。1916年国耻日，广州各校学生于东园举行大规模集会，开展反对"二十一条"卖国条约的斗争。后来在北京五四运动中去世的第一位学生郭钦光（海南籍），这时正在广州初级师范就读。他面对督军压制，气愤异常，毅然"登坛演说"，痛斥北洋军阀政府的卖国罪行。

坚决反对签订《中日陆军共同防敌军事协定》，是广东海内外爱国运动的联合预演。1918年5月16日，日本帝国主义为了进一步控制中国，胁迫中国政府签订了《中日陆军共同防敌军事协定》，以图取得在中国境内建立军事基地和在军事行动区域的权利。在日留学的中国学生义愤填膺，首先组成"救国团"在日本开展斗争。归国的广东籍学生迅速响应，他们在广州九曜坊教育会成立了"救国团""广州分团事务所"，开展反对中日军事密约的宣传活动。他们"奔走呼号"，疾呼"大祸临头，大义在目"，表现了极其可贵的爱国热情。

　　彭湃等一批留日学生，在获悉中日军事密约后，义愤填膺、寝食不安，在一起拍了一张"国丧纪念"照片，在上面签了"民国七年中国军事亡国协定被迫签订之日，特摄此'国丧纪念'照片，以示国仇之不忘"。彭湃还回到家乡，直接发动爱国学生开展了一个以"废约救亡"为中心的反日爱国的宣传活动。

　　留学生的抗日爱国行为，在广东学界产生极大影响。1918年，广东高等师范学校等23所学校的学生联合成立"广东省会学生联合会"，积极开展爱国宣传活动。1919年2月，五四前夕，省会学生联合会、省教育会、省商会等广州各界团体联合成立"广州国民外交后援会"，为五四运动在广东的兴起，做了思想上和组织上的准备。

2. 广东迅速响应，激起省港千层浪

　　北京学生反对北洋军阀政府在巴黎和会上签字、反对出卖山东青岛的游行示威，惨遭军警镇压。消息传来，南粤大地一下子就沸腾了起来。

　　1919年5月7日，广东省会学生联合会发出通电，谴责北京政府"不谅各学生爱国之热诚""为章、曹报复"，不惜"以草薙禽狝之手段"镇压学生，呼吁各界起来，"主持正论伸张正气"。广东各学校结合纪念"五七"国耻日，纷纷开展声援北京爱国学生活动。5月8日，广州国民外交后援会，向北京政府发出通电："青岛问题，关系我国领土主权，忽生外交阻梗。卖国贼人人得而诛之，学生此举，自尽其爱国之责。请送电北庭，将曹汝霖、章宗祥、陆宗舆等卖国贼，尽法惩办。被捕之学生迅速释放，以伸国法，而顺舆情。"

海丰爱国青年彭湃，5月7日在日本东京参加声援北京爱国学生运动，被日本警察打得"头部手足破皮流血"。他被同学们营救回宿舍后，义愤难平，在一块约长一米宽半米的白绢上，蘸血写上"毋忘国耻"四个大字，寄回海丰学生联合会，大大激励了家乡学友们的爱国斗志。

5月11日，广州国民外交后援会联络社会各界举行声援北京爱国运动大会，在东园广场隆重召开，广州所有中等以上学校的学生几乎全体出动，到会人数约10万人之众，这是

东园广场：10万人集会

学生血书：良心救国

广州前所未有的盛会。会场布置得肃穆庄严，会场正中高高悬挂着"国民大会"的巨幅白布横额，会场两边悬挂"欲杜强邻，先歼国贼""不伸义愤，曷号公民"的数丈长的白布对联。会场内插满了写着诸如"誓杀国贼！""不与汉奸同中国！""还我青岛！""保我国主权！"等内容的旗帜。学生们还组成宣传队，在会场中间进行宣传，渲染气氛。学生团体代表纷纷登台演讲，说到亡国惨痛处，台上台下痛哭流涕，会场一片激愤，同声高呼"誓杀国贼！""归还山东！""还我青岛！"

会后，开展国民大游行。在游行队伍中，学生们时而高呼口号，时而向群众发表演说，还有一队学生肩负铁锄，手举"诛锄国贼"旗帜，神情严肃，步伐整齐，特别引人注目。数以万计的学生和市民一起到南方军政府所在地，推举代表向政府总裁岑春煊、外交总长伍廷芳提出三项要求：（1）取消二十一条及一切不平等条约，直接收还青岛；（2）尽法严惩卖国贼；（3）请北方政府释放被捕的爱国志士。

社会各界团体纷纷发表声明、通电，声援北京爱国学生，使一个反帝反封建爱国运动在广东各地空前广泛地开展起来。

同时，佛山、三水、顺德、新会、东莞、香山、台山、肇庆、阳江、阳春、郁南、新兴、罗定、怀集、汕头、普宁、揭阳、潮州、潮阳、澄海、海丰、梅县、大埔、紫金、惠州、高州、廉江、合浦、钦州、琼州、文昌、韶关、乳源、乐昌、南雄等县市和香港、澳门的学生和民众也积极行动起来，发表声明、通电，组织集会游行，抗议卖国政府，抵制日货，表现极为热烈。在外省读书和在国外留学的广东籍学生都积极参加到爱国运动中。

港澳同胞心系祖国，港澳学生和民众也迸发出一股炽热的爱国热忱。居住在湾仔一带的市民，自动蜂拥到日本商店门前举行示威，高呼"还我青岛""保我国权""废除不平等条约"等口号。皇仁中学的部分学生秘密组织了爱国团，以振兴土货、排斥劣货为宗旨。香港大学和其他中、英文书院的学生也奋起支援内地的斗争。澳门的崇实、德华、铸民等十多所学校的学生，也分赴香山县的翠微、前山、白石（今属珠海市）等地宣传抵制日货，废除密约，号召同胞奋起参加救国运动，得到民众的支持。旅居檀香山等地的侨胞也发表通电，支援祖国人民的反帝爱国斗争。

3. 两大因素，助推运动达高潮

广东虽然地处中国边陲，远离北京政治中心，但爱国运动的浪潮却一浪高过一浪。两大因素进一步激发了无数青年的爱国热情，推动广东五四运动走向高潮。

郭钦光

一是爱国学生郭钦光去世。郭钦光是广东省海南岛文昌县人，1917年北上就读北京大学文预科。5月4日，他抱病参加游行示威，"奋袂先行，见当局下逮捕学生之令，愤然大痛，呕血盈斗，至法国医院，已有不起之势。"他在生命垂危之际叹息说："国家濒危，政府犹以狮子搏兔之力，以压一线垂尽之民气；日政府待我留学诸君之事，不图乃见于生斯长斯之祖国，事可知矣。"言此，心痛得连连呕血，于5月7日死于无限悲愤之中，享年仅24岁。

郭钦光的爱国之心深深感染着广大青年，全国各地纷纷悼念。5月26日，广州50多所学校的5000多名学生在广东高师举行追悼郭钦光烈士大会，在群众爱国运动的推动下，广东社会各界包括南方军政府、广东参议院、众议院等都对学生爱国运动表示同情和支持。至5月底，已形成了一股全省性的反帝爱国热潮。

二是北方学联代表来粤推动。6月初，北京学生遭到反动当局的镇压，近千名学生被逮捕。京、津、沪中等以上学校学生联合会派代表方豪等来广州，推动各界一致深入开展反帝爱国运动，广东学生积极响应。6月10日，广东省立第一甲种工业学校学生在周其鉴、阮啸仙等人率领下，宣布全体罢课。17日，以广东公立法政专门学校、省立第一甲种工业学校为首的"广东中等以上学校学生联合会"成立，张启荣、周其鉴当选为正、副会长，阮啸仙、刘尔崧、高恬波等当选为执行委员，他们联络各社团开展爱国运动，编印《国耻》《殷鉴》等小册子，组织演讲队深入工厂、商号、街道开展宣传和发动工作，意在催人觉醒、奋起斗争。中上学联的成立，推动爱国运动进一步高涨。

全国轰轰烈烈的爱国斗争，推动五四运动不断深入。6月28日，中国政府参加巴黎和会的代表，在全国人民爱国运动的压力下，没有在丧权的《凡尔赛和约》上签字。同时，北洋政府也罢免了章、陆、曹三人，五四运动取得胜利！

（三）抵制日货抗军阀，坚持斗争不妥协

广东的爱国运动并没有停顿，广东青年继续把五四运动推向深入，呈现了以坚决抵制日货、反抗桂系军阀为主要特征的爱国运动，斗争一直延续到1919年12月底，充分体现了

广东青年坚韧不拔的精神。

1. 抵制日货，振兴民族工业

广东是帝国主义倾销商品的重要地区。因此，抵制日货成为五四运动在广东发展的一个重要特点。同时，有识之士认识到要发展民族工业。

早在5月底开始，抵制日货活动便蓬勃展开。5月29日，广州数万人再次举行示威游行。游行群众手执"还我青岛""不买劣货"等小旗，以及派发表示提倡国货、抵制日货的图画，化装队进行化装宣传。游行队伍经过长堤先施公司时，当场烧毁该公司的大批日本制造的草帽。还烧掉了真光、大新公司的日货。

在排斥日货风潮的冲击下，从5月31日起，广州各洋货店争相在店门前张贴出"不卖劣货"等字样。广州商人决定抵制日货，并号召各地商人实行排斥日货。至此，广大爱国商人加入了青年学生抵制日货的行列。

7月6日，广东商界召开代表会议，通过决议：第一，强烈实行排斥日货，禁止输入日货；第二，设立调查委员会，调查有无日本货物；第三，设立运动局，发动地方商会，开展排斥日货运动。

7月10日，广州各界群众在东园广场召开国民大会，有约1万人参加，会后遂派出代表和分队驰往晏公街广州总商会请愿罢市。广州总商会终于宣布所有商店从11日起实行总同盟罢市。13日，广州工商业已全部罢业，机器工人、电灯局工人一律罢工。随即电力公司，广九、广三、粤汉铁路和自来水厂站工人，以及人力车夫等相继罢工，使全城缺水断电，交通阻塞。至此，形成了"三罢"运动。推动了全省爱国运动向纵深发展。

在社会各界支持下，9月11日，中上学联派出调查队，深入海关严格检查入关货物，阻止日货通过关口；深入各商店检查商品，一经发现日货，即行直接没收交总商会处理。学生们还联络北江、西江各路和顺德、香山、石龙、江门、香洲等地采购员，联合一致不到经营日货的公司购货。学生们还将缴获的一大批日货集中于东园，在10月25日公开烧毁。

抵制日货风潮的高涨，引起在粤日本人和桂系当局的强烈不满，他们沆瀣一气，对学生和市民进行严厉镇

先施公司关押学生

压。11月初，范增谦等4名学生在检查日货时被军警殴打致死，8日，广州各校的学生高举4位学生的遗像，冒雨游行，队伍经过长堤先施公司门口时，当局出动2000多名军警，逮捕11人，将数百名学生禁闭在公司，其中数十名学生被打伤。事件发生后，引起社会各界对桂系当局的不满。经过各界的联合斗争，学生才得以释放。

广东青年学生在五四运动中有一个很重要的特点，就是提倡国货，振兴民族工业。当时许多学生认为："抵制日货还要从振兴工业入手。"应该把振兴民族工业作为救国的"第一办法"。他们组织演讲队，到处宣传振兴民族工业的意义。例如广东高等师范学校的学生，就自己动手生产肥皂、香糊、墨水等。他们成立了自己的贸易部，廉价出售自己的产品。当时的"高师枧"就很受欢迎，很出名。许多学校都有这种情况。一些留学归国的学生，则努力筹办民族工业，例如留学英国的学生罗某，在抵制日货的风潮中与人合作，加紧筹建一个火柴厂；留学美国的学生朱某，则筹办油墨厂；等等。这些举措促进了民族企业的振兴。

2. 斗争矛头，指向桂系军阀统治

当时统治广东的桂系军阀，勾结北洋军阀，百般迁就日本帝国主义，在五四运动中，一再镇压群众爱国运动。莫荣新又企图逼省长瞿汪辞职，直接兼任省长，以便加强其在广东的统治。

对此，广东人民十分痛恨。并提请较开明的孙中山革命党骨干、南方军政府七总裁之一的伍廷芳兼任省长。广东各界团体代表的多次请愿，桂系军阀一直置之不理。为此，在五四运动中组织起来的广东学生界决心紧密配合工、商、政各界，将广东的运动继续进行下去。

7月10日，广州学生和工商各界1万多人在东园举行国民大会，并请愿游行，要求：（1）处罚卖国贼；（2）公开宣布政府外交政策；（3）废除秘密条约。还提出"粤人治粤"，让伍廷芳出任省长。为此，广州学生界支持广州商人、工人实行罢市、罢工斗争。

学生们继续分散到各地活动。他们或者巡行演讲，或者

桂系军阀广东督军莫荣新

革命党、南方军政府外交总长伍廷芳

发售自己出版的《雪耻周刊》，或者协助组织罢工，虽屡遭军警殴打也在所不辞。仅7月16日一天，被军警逮捕的学生就有周其鉴等300多人。但他们毫不退缩，坚持斗争。

孙中山在上海，表示支持广东学生和市民的斗争

广州学生和广大市民的斗争，得到孙中山的鼓舞和支持。他在上海痛斥广东军警残酷镇压和拘捕民众的行为："我粤为护法政府所在之地，岂宜有此等举动？尚冀所闻之不实，万一有之，请即予省释。盖民气叹愈激愈烈，若专恃威力，横事摧残，不惟为粤人之所共愤，亦为全国之所不容也。"广东中上学联的代表陈肇敫等人去上海找他，他亲自接见，并表示：对学生运动，"当以在野地位，尽力帮忙"。

广州国会议员数十人也联名向军政府、督军府、警察厅提出书面质问，要求迅速制止军警镇压群众并释放被捕者。在强大社会舆论的压力下，当局只好释放全部被捕的学生，请求工商各界复工复市。并暂时由粤海道尹张锦芳出任"护理"省长。莫荣新的企图破灭。

此后，广大学生和市民在开展抵制日货斗争的同时，继续开展反对军阀统治的斗争。11月初，发生的逮捕和镇压大批学生之"先施"事件，又引发广东各界强烈抗议。从11月9日起，广东学生各团体、国会议员和省议会议员，强烈要求释放被捕学生，矛头直指军警当局，要求查办警察厅厅长魏邦平。广东各报馆如实报道军警恶行，却有12家报馆被搜查，报馆主笔、记者、职员50人被捕。广州各校师生纷纷前往军政府、督军府、省署请愿，13日，广州国会众议院开会，通过查办魏邦平案。全国各地也纷纷来电声援广州学生。斗争持续了近一个月，军警当局被迫释放被捕学生和报馆人员。

随着爱国运动的深入推进，各界的联合斗争显得尤为重要。由广东中上学联发起，于1920年元旦成立了广东各界联合会。

广东各界抵制日货、反对桂系军阀统治的斗争，进一步促成了革命进步势力的联合，严重动摇了桂系军阀的统治。为孙中山先生1920年10月重回广东建立革命政权，奠定了社会基础。

（四）五四锻造新青年，爱国奋斗开新篇

五四运动，爆发于民族危难之际，是一场以先进青年知识分子为先锋、广大人民群众参加的彻底反帝反封建的伟大爱国革命运动，这次爱国运动，是广东近代历史上具有划时代意义的伟大事件。它标志着广东革命历史的新开端，实现了广东人民自鸦片战争以来第一次全面觉醒。也由此迎来了一场深刻的社会变革，凸显了广东青年与民众的爱国力量！

1. 南粤五四，特征显著影响大

广东的五四运动，在应援北京五四爱国运动的发展过程中，呈现着极其显著的特征与影响。也是国内其他省份无法比拟的。

广东五四运动的显著特征，表现在：一是响应早。北京五四运动发生第三天，广东各界即通电支持，反映了广东民众高度的爱国热情。二是规模大。爱国运动刚开始，广东各界就组织召开了有10万人参加的国民大会。此后，类似这种国民大会不下10次。如此浩大的规模在全国各省中是少见的。三是范围广。在地域上，运动不仅仅集中在省会广州，还波及全省范围，可谓横贯潮梅、粤西，纵穿粤北、琼崖。在参与人员上，广东革命的气氛较浓，获得了广大人民广泛

参加和支持。从大中小学生到工、农、商、自由职业者、爱国华侨、港澳同胞以至部分议员、部分军政人员等各阶层人士均有参加。四是持续时间长。许多省份五四运动到6月28日拒签《凡尔赛和约》已告一段落，但广东的爱国运动继续向纵深发展，于同年底仍在举行集会和示威游行。

广东五四运动的重要影响，表现在：一是促进了广东青年与民众的觉醒。在行动上，社会各界参与到运动中，开始关切国家的命运。在宣传上，北京《晨报》、上海《民国日报》、日本《大阪朝日新国》等国内外各大报刊，均有连续报道，直接影响到海外侨胞和港澳台同胞对运动进展的关切。二是动摇了军阀统治。斗争矛头直接指向日本帝国主义和军阀的反动统治，有力支援了全国的反帝反封建斗争，也动摇了桂系军阀在广东的统治，为孙中山先生1920年10月重回广东建立革命政权，提供了条件。三是锻造了大批先进青年。一批先进青年在五四运动中经受锻炼，表现了高昂的爱国情怀，为中国共产党早期组织在广东的建立奠定了干部和社会基础。

2. 锻造新青年，开启新篇章

这次爱国运动，是广东近代史上第一次由学生、工人、商人和其他市民联合进行的反对帝国主义、反对封建主义的

全省规模的群众性爱国
斗争。在运动过程中，
广东的青年学生一开始
就站在斗争的最前列，
起到先锋作用。大批先
进青年经过五四运动的

谭平山　　　　　谭植棠

锻炼，开始接受马克思主义，成长为中共党团的早期创建
人，开启了中国革命的新篇章！

　　谭平山、谭植棠等先进青年，怀抱理想，于1917年北上
就读北京大学，接受了新文化运动的熏陶，进一步激发了爱国
热情，五四运动爆发了，他们手执"打倒卖国贼""还我青
岛"的小旗，积极参加到运动中，经过五四运动的洗礼，他们
决定要改造社会，毕业后回到广州，开始创办《广东群报》，
宣传马克思主义，成为中共广东党团组织的早期创始人。

周其鉴　　　　阮啸仙　　　　刘尔崧　　　　张善铭

周其鉴、阮啸仙、刘尔崧、张善铭等，这批红色"甲工"（广东省立第一甲种工业学校、华南理工大学的前身）走出的先进青年学生，他们本着学习不忘救国的理念，在国家危难之际，积极投身到五四运动中，成为爱国运动的先锋，也成为最坚决的爱国者。他们很快接受马克思主义，甘当"主义的宣传家"。也成为广东党团组织的重要开拓者和早期领导者。

彭湃

杨匏安

彭湃，早年出国留学日本早稻田大学，积极寻求救国真理，在日期间，牢记国耻，深刻表达对中日密约签订的强烈不满。五四运动爆发，他毅然参加留学生的声援活动，被打受伤，血书"毋忘国耻"，表达了强烈的救国愿望。毕业回国后，他很快加入社会主义青年团，接受马克思主义，探索农民运动，成为中国"农民运动大王"。

杨匏安，这位曾经游学日本，深受堺利彦、河上肇思想影响的年轻人，回国后，积极传播新文化，五四运动中，杨匏安在《广东中华新报》上，系统介绍马克思主义，如同一盏明灯照亮了南粤大地。

还有杨善集、黄居仁、杨石魂、周文雍等一批经受五四运动洗礼的青年人。五四运动，开启革命的新篇章。马克思主义脱颖而出，成为一代先进青年的坚定选择，他们怀揣着救国理想，义无反顾地加入改造社会的行列，他们正是在斗争的实践中，认识到了马克思主义的真理性，而坚定了自己的信仰与选择，并为之奋斗直至奉献生命。

3. 五四精神，绽放光芒

五四运动是我国近现代史上具有里程碑意义的重大事件，五四精神是五四运动创造的宝贵精神财富。在五四运动中，一批富有理想信念的青年人发挥了中流砥柱作用，他们为了实现心中的理想追求，努力奋斗，即使奉献生命也在所不惜，铸就了五四精神。

五四运动，孕育了以爱国、进步、民主、科学为主要内容的伟大五四精神，其核心是爱国主义精神。爱国主义是我们民族精神的核心。爱国主义自古以来就流淌在中华民族血脉之中，去不掉，打不破，灭不了，是中华民族团结奋斗、自强不息的精神纽带，是中国人民和中华民族维护民族独立和民族尊严的强大精神动力。五四运动时，面对国家和民族生死存亡，一批爱国青年挺身而出，全国民众奋起抗争，誓言"国土不可断送、人民不可低头"，奏响了浩气长存的爱国主义壮歌。青年们正是高举爱国主义的伟大旗帜，在改造中国的拼搏中迸发出排山倒海的历史伟力！

五四运动以全民族的搏击培育了永久奋斗的伟大传统。毛泽东同志曾指出："中国的青年运动有很好的革命传统，这个传统就是'永久奋斗'。"通过五四运动，中国青年发现了自己的力量。中国人民和中华民族发现了自己的力量！只要勇于为改变自己和国家的命运而奋斗牺牲，我们的国家就一定能够走向富强与复兴！

"狂澜力挽精英梦，还我河山壮此行"。一大批先进的青年，历经五四运动的锻炼，怀抱着民族复兴的理想信念，从这里起航，他们承续着五四精神，砥砺前行，迎接新的曙光！

三 杨匏安与马克思主义在广东的早期传播

广东受列强侵略最早，百姓疾苦较他处更甚。但与此同时，广东的百姓也较早觉醒，领先开展救国救民的探索。五四运动在南粤激烈而持久，在全国独树一帜，从中涌现出了大批进步青年。在五四大潮的推动下，青年社团、新刊物、新思想开始集中涌现，使长期以来的受到军阀、专制主义压制的新文化得以破茧而出。杨匏安——这位华南地区系统宣传马克思主义的第一人，在五四运动爆发后不久，则紧随在中国传播马克思主义的先驱——李大钊的脚步，在南粤播下了马克思主义的火种，为中国共产党的成立做了思想理论上的准备。

杨家祠

1919年秋季的一个深夜，广州越华路上一片寂静。杨家祠的东厢阁楼里，杨匏安正在微弱的灯光下，伏案奋笔疾书。一灯如豆，杨匏安就着这样的灯光，写下了一系列介绍新思潮和马克思主义的文章，微弱的灯光刺破了昏沉、苍茫的南国大地的夜空，瞬间变得鲜艳而耀眼。

杨匏安成为华南地区系统传播马克思主义的第一人，后人将他与李大钊并称为"北李南杨"。杨匏安不仅传播了马克思主义，也是马克思主义的坚定信仰者，并为他信仰的主义和事业最终奉献生命。

（一）新文化涌动待破茧，五四惊雷激荡新思潮

广东濒临港澳，华侨众多，开风气之先。鸦片战争以来，西学东渐，西方各种关于思想、政治、文化的学说纷纷输入，广东的爱国志士为了救亡图存，振兴中华，把目光投向西方。从洪秀全领导的太平天国运动、洪仁玕提出的《资政新篇》，到康有为、梁启超的维新变法、孙中山先生领导的民主革命，皆是在新的思想文化的推动下、深刻影响中国近代历史发展进程的重大事件，也体现了广东的文化环境和地位。

然而，当1915年，陈独秀创办《新青年》杂志，新文化运动兴起并影响全国之时，广东的思想文化却在地方军阀专制主义压制下，艰难前行。但是，新思想、新文化的星火并没有停息。五四惊雷，震撼南粤大地，新文化方破茧而出，

马克思主义得以传播。

1. 南粤新文化涌动待破茧

五四以前，广东知识界早期对西方的文化关注、吸收和传播的焦点，主要集中在西方民主政治的问题，人们热衷于谈论议会政治、两党制、君主立宪，等等。

民国初年，无政府主义在广东有了较大影响。刘思复，广东香山（今中山市）人，是中国无政府主义者的鼻祖。1912年5月，在广州组织晦鸣学舍，"是为中国内地传播无政府主义之第一团体"，随后还组织了心社、广州世界语学会等。1913年8月，晦鸣学社出版机关刊物——《晦鸣录》（第3号起改为《民声》）。1914年7月，刘思复在上海成立无政府共产主义同志社。刘思复成为中国无政府主义的早期代表人物。无政府主义者自称：广州是无政府主义输入中国较先之地，是"吾党同志多数之产地"。可见无政府主义在广州传播已久，影响很大，根基牢固。

1915年刘思复逝世，但无政府主义者没有停止他们的活动。后来无政府主义者通过办刊物、编印小册子、散发传单和演讲等方式，宣传巴枯宁的工团主义、克鲁泡特金的互助论以及蒲鲁东主义；在青年学生和工人当中产生了较大影响。这是广东新文化运动中一个引人注目的现象，对后来马克思主义的传播和共产党组织的建立都有一定的影响。

《广东中华新报》1918年3月16日第1页剪影

这时，十月革命开始影响南粤。1917年十月革命爆发，这在中国各地引起了强烈的反响。1917年11月23日，《广东中华新报》报道了十月革命的消息，并于26日发表短评，预言十月革命对中国的影响将"较他国为尤甚"。12月28日，这家报纸报道说：苏维埃"势力愈盛，地位是益巩固……将来或可统一全国"。1918年俄国发生列宁被刺案，该报立即发表《呜呼！李宁》的评论予谋刺者以谴责，并赞誉俄罗斯之有李宁，"历史顿增一异彩"。

在《广东中华新报》的带动下，俄国"十月革命"一度成为羊城知识界热络探讨的话题，趋新者纷纷将目光投向俄国。《唯民》周刊撰文称，俄国革命是"理想和主义的大成功，应是现世文明的死灭，新文明产生的一大关键"。李大钊发表于《新青年》之《布尔什维主义的胜利》一文，也引得广州学生界争相传阅，并纷纷发表心得。当时广州学生联合会的机关报——《省会学生联合会会刊》上，有学生感叹道："李大钊先生且谓今日世界之势，为布尔什维主义的胜利，社会革命之火剧，其将自此开幕乎！"

《广东中华新报》，集合了一大批留学东洋的新锐记者，思想领先、笔锋犀利，成为一份在广东颇有影响力的报纸。为杨匏安后来供职该报、得以传播马克思主义，提供了重要条件。

2. 五四惊雷激荡新思潮

五四运动的惊雷，振聋发聩。人们不仅在运动中受到反帝、爱国精神激荡，而且亲身感受到人民的意志不可侮、人民的力量最伟大。广东的新文化运动由此逐渐活跃，各种社团、学会如雨后春笋破土而出，各种宣传新文化、新思想的刊物日见其多。新的社会思潮终于以沛然莫御之势，奔腾澎湃于珠江南海之滨。

从全国来看，陈独秀、李大钊等人主办的《新青年》《每周评论》《星期评论》《向导》等刊物"像潮水般涌到广州"。在北京读书的广东籍青年谭平山、谭植棠、陈公博等，经常把《新青年》《每周评论》《新潮》《政衡》等进步书刊寄回广东给同学、亲友，向他们宣传介绍马克思主义。

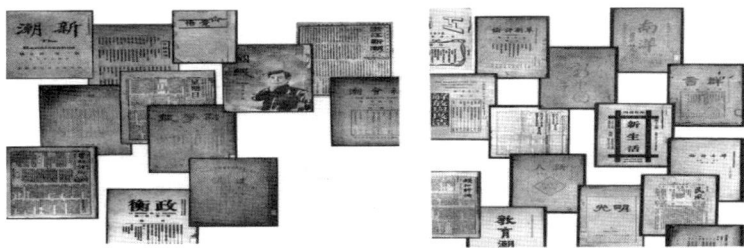

五四前后在广东传播的报刊

在全省各地出现的宣传新思潮的刊物和报纸主要有：《唯民》《爱国》《民风》《雪耻周刊》《救国》《新学生》《香江晨报》《天民报》《真共和报》《广州共和报》《广东中华新报》《广东省会学生联合会月报》《劳动者》《劳动与妇女》《新海丰》《赤心周刊》和《琼崖旬报》，等等。

这些报刊鉴于"人类精神，终必适应于社会环境，以变迁思想"，鉴于新思潮"传于中邦，理非偶然，势所必至"，因而致力于新思潮的传播与介绍，其言论一新粤人耳目，受到社会各界的欢迎和好评。当时有人评价这类刊物说："专门提倡社会知识，用干净灵敏的头脑，评判一切学理事实，字字珠玑，真是广州出版界的光荣。"

（二）东渡日本寻真理，归国宣传新文化

近代以来的中国，外有列强环伺，内有军阀横行，广大的劳苦人民生活困顿、暗无天日。粤籍的先贤积极探索救国图强之方。无奈维新变法失败了，辛亥革命虽然推翻了清王朝，但国之"顽疾"并未根治，黎民百姓依旧处于水深火热之中。治国医弱的药方何在？爱国进步青年依然前赴后继地苦苦思索，杨匏安也是其中的一个。

1. 东渡日本寻真理

杨匏安，字麟焘，1896年11月出生于广东省香山县南屏乡北山村（今属珠海市）一个茶商家庭。杨族是北山村的名门望族，始祖是北宋杨家将的后人——杨文广的第二子，杨家将保家卫国的故事，一直在杨族流传。

杨匏安　　　　　　　杨匏安珠海故居

杨匏安出生时，杨氏已传至第23代。直至杨匏安的祖父辈时，杨家还是香山的大户人家，祖父杨训常把经营的布

四、茶叶生意做到了南洋群岛、印度、拉丁美洲等地。到了父辈时，家道中落，父亲因病早殁。母亲陈智，出身于华侨官商家庭，受过良好教育，爱好诗词书法。在母亲的影响下，杨匏安自幼习古典诗词，他在《诗选自序》中说：少年时"谬以诗文词见称朋旧"。可见他少年时代，已颇有些名气了。

母亲陈智希望他也能成为栋梁之才。便常常以杨家将、陆秀夫、文天祥等人的爱国事迹教育他。杨匏安目睹军阀当道、黎民困苦，早早便立下了解民倒悬的志向。人生一旦有了理想，犹如茫茫黑暗中看见了灯塔，顿时精神抖擞满怀希望，所以他学习成绩一直名列前茅。

1908年，12岁的杨匏安顺利考进了两广高等学堂（现广雅中学）预科。这所学堂前身为广雅书院，张之洞任职两广总督时所创设，是当时华南最有名望的学府。杨匏安入学时，该校礼堂中仍悬挂着一副张之洞撰写的楹联："虽富贵不易其心虽贫贱不移其行；以通经学古为高以救时行道为贤。"杨匏安将之牢记心中。当时，广东著名大儒、学贯中西的吴道镕，担任校长，在他的主持下，羊城名流学士云集学堂。例如，教授文史科的黄节，就是"岭南近代四大家"之一，且富有革命思想，写下不少革命诗文。杨匏安的诗词文章有受这些名家影响、感染的影子。

1915年，杨匏安怀揣着救国救民的理想，随大他两岁的族叔杨章甫一道登上了远赴东瀛的商船，目的地是日本的横滨。横滨是华人聚居地，于此地经商的粤民众多。而且，此处革命气息十分浓厚。孙中山曾在这里谋划革命伟业，梁启超逃亡时便常住此地，创办了名噪一时的《新民丛报》。这里空气自由，各种新思想、新学说交汇于此，杨匏安被包围在这浓浓的新思潮之中。他结识了戊戌变法的领导人康有为家族的后人康佛、康若愚，并与之成为好友，大大激发了他的爱国热情。还与任教于当地华侨学校的陈大年最为相知。日后也是在陈大年引荐下入职广东报界。

杨匏安在日本游学期间涉猎范围十分广泛，举凡政治学、哲学、心理学、美学，最倾心于社会主义。当时马克思主义在日本已经颇为流行（1913年底考入日本早稻田大学政治系的李大钊，便拜师河上肇专攻马克思主义）。杨匏安则受堺利彦、河上肇的社会主义学说影响较大。

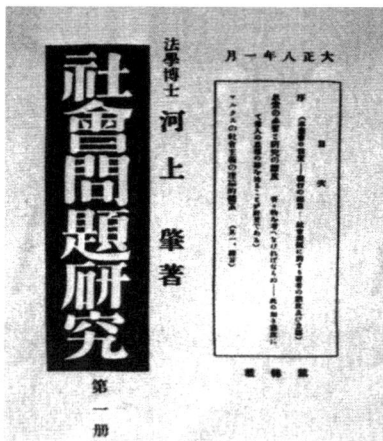

河上肇著《社会问题研究》

2. 供职"新报"成为新文化的弄潮儿

1916年的冬天，20岁的杨匏安从日本回国，与邻村姑娘吴佩琪结婚，婚后先到澳门任教，1918年初，举家迁广州，落脚于广州越华路司后街的杨氏老祠堂——杨家祠，这是香山县（现珠海市）南屏北山杨氏家族在广州设立的宗祠，是参加科举考试的杨氏子弟在广州读书的邸舍。相传已有两百多年历史，北山杨氏太祖是杨泗儒，故杨家祠又称"泗儒书室"。在这里，受到中国传统文化和新文化双重熏陶的杨匏安，也迎来了他人生的重要转折点。

杨匏安首先于"时敏""道根"两中学任教，在写作课上，他不忘教育少年："义取敦本务实，辞唯绝俗清高"；认为"诗文一道，首贵无俗气……然欲诗文之无俗气者，必其人先无俗气，外欲其人之无俗气者，则举凡流俗所趋之事，非斥去不可"。他把这些观点写成《诗选自序》，培养学生的高雅之气。

这时，恰逢国内的新文化运动如火如荼。他受聘于《广东中华新报》当记者。因爱好诗文，他常将自己的诗文投稿于各大报刊，居然成了省城的文化名人。时任《广东中华新报》经理的陈大年，常在社长容伯挺面前称许杨匏安。杨被人称为"文字雅洁，一望而知为曾致力于古文者。"

1918年3月12日起，杨匏安在《广东中华新报》连载一短篇小说《王呆子》。讲的是农村少年王呆子，被同乡一位财主逼死了父亲，霸占了姐姐。王呆子"装疯卖傻"，忍辱负重侍奉财主，伺机报仇。此篇文字，形象地揭露了封建压迫的残酷，这与鲁迅先生笔下的"吃人的社会"有异曲同工之妙。《王呆子》一文热情讴歌了劳苦大众反抗封建压迫的勇气和智慧，其发表时间比之《狂人日记》还要早上两个月。杨匏安以旧学辅新命，在我国新文化运动史上也应占有一席之地。

杨匏安还以《迁善》为题，翻译了托尔斯泰的小说，接着连载了《滑铁卢之战》。辟专栏《青年心理讲话》，专门研究青年的心理，希望予广东青年以正确的引导。同时，杨匏安也响应北大校长蔡元培提出的以美育代道德的主张，开始向广东读者连载《美学拾零》一文，系统介绍了柏拉图、亚里士多德、康德、黑格尔等著名学者的美学理论和著作，可谓是广东美学领域的拓荒之作，也是新文化运动推动使然。

（三）率先抱薪播火种，系统介绍马克思

马克思主义深邃而宏大，富于批判性，堪称革命者的思想武器库，深得世界各国革命者所推崇。我国最早接触和介

绍马克思主义学说的，大多是先行一步寻找救国之道的广东人，如孙中山、梁启超、朱执信等。但由于时代的局限，他们介绍的马克思主义只是零星点到。即便如此，广东的先进青年也是通过他们，开始了对马克思最初的启蒙认知。

1. 粤籍先贤的马克思主义认知

1895年，孙中山筹划的广州起义失败而遭到清廷通缉，不得不流亡海外。在此期间他便初步涉猎了马克思、恩格斯、列宁等人的著述。1903年，孙中山在东京曾会见了最先翻译《共产党宣言》日文版的幸德秋水，并与之攀谈过社会主义的相关问题。1905年2月间，孙中山曾前往比利时首都布鲁塞尔找到第二国际书记处。他自称为社会主义者，慷慨激昂地发表了对社会主义的见解，并提出加入第二国际的要求，但最终未被批准。虽然孙中山对社会主义有所误解，毕其一生，只是将社会主义视作民生主义而归于其三民主义之中。不过有此因缘，也为之后国共两党的合作奠定了基础。

梁启超也很早接触马克思学说。戊戌变法失败后，梁启超流亡日本，大量研习了各种西方思想及学说。其中马克思的学说也零星地进入了他的视野。1902年，他在《新民丛报》第十八号发表《进化论革命者颉德之学说》一文，内中提及马克思，称其为"社会主义之泰斗"。1904年他再度

《新民丛报》

谈及社会主义。梁启超把爱国思想倾注笔端，黄遵宪誉其文字乃"惊心动魄，一字千金，人人笔下所无，却为人人意中所有，虽铁石人亦应感动。从古至今，文字之力之大，无过于此者矣"。毛泽东青年时代便是梁启超的超级粉丝，其笔名"子任"便是因梁启超"任公"之号而起。虽然，梁启超并不认为在中国有实行社会主义之必要，但他却是华人中用汉字介绍马克思（梁启超译作麦喀士）其人及学说的第一人。凭借其文字的感染力和畅销汉语世界的《新民丛报》这一平台，马克思及其部分论说开始进入国人的视野。

除此之外，早期的革命党人朱执信也于1905—1906年间，先后在同盟会机关报——《民报》上发表了《德意志社会革命家小传》《论社会革命当与政治革命并行》等文章，较为详细地介绍了马克思、恩格斯的学说及生平，并特别介绍了《共产党宣言》的主要内容，归纳出十条纲领。1912年，新会人陈振飞在广州《民生日报》上分七次刊载"译论"《绅士与平民阶级之争斗》，这是《共产党宣言》

第一部分的译本。同时，廖仲恺、胡
汉民、汪精卫等人也或多或少对马克
思主义有所提及。不过，这些早期的
马克思主义介绍及宣传，多属零星，
不成系统，且本意并非专门宣传马克
思主义，因此未能引起国人充分的注

朱执信

意。直到五四前后，在李大钊的推动下，国内才兴起一股研
究、宣传马克思主义的热潮。

2. 李大钊：在《新青年》杂志系统介绍马克思

李大钊是我国宣传马克思主义的第一人，1917年十月革
命成功的消息传来，正在钻研马克思主义学说的李大钊受到
极大的鼓舞和启发，接连在《新青年》《每周评论》等著名
刊物上，发表了《法俄革命之比较观》《庶民的胜利》《布
尔什维主义的胜利》等一系列文章，热情讴歌了俄国革命
及马克思主义学
说。从1918年底
开始，李大钊便
推却一切公务交
往，选择一处远
离繁华的僻静之

李大钊

《新青年》封面

地，用了几个月的时间潜心写就了《我的马克思主义观》。

此时，伴随着五四运动爆发，《新青年》杂志作为全国最有影响力的报刊，性质也发生了重要转变。1919年5月，李大钊把他主编的《新青年》六卷五号，改编成《马克思研究》专号，一共刊登了8篇介绍马克思生平、学说的文章，其中包括李大钊撰写的《我的马克思主义观》（上篇）一文，文中系统阐释了马克思主义的三个组成部分，从此《新青年》逐渐转变为宣传马克思主义的刊物。《新青年》刊物勇立潮头，推动了马克思主义在全国的传播。

3. 杨匏安：同期在《广东中华新报》系统介绍马克思

1919年，五四运动爆发了，极大地促进了南粤新思想的传播。各种进步社团如雨后春笋般涌现，各种新刊物，新思想也争相呈现。《广东中华新报》紧跟新思潮，适时开辟了《世界学说》专栏，主将便是杨匏安。《广东中华新报》迅速走到了广东五四新文化运动的前沿。

《广东中华新报》的社长容伯挺，早年留学日本，与李大钊同为爱国团体神州学会的成员。二人私交甚笃，常有书信往来。受李大钊主编的《新青年》传播马克思主义的影响，容伯挺和陈大年、杨匏安商定，开辟《世界学说》专栏，交由文字雅洁、思想敏锐的杨匏安负责。

《马克斯主义——一称科学的社会主义》

杨匏安从7月12日直到12月15日，连续在《世界学说》栏目发表专文41篇，堪称一次广东思想界的博览会。这些文章涵盖了哲学领域的唯心论、唯物论、一元论、二元论、多元论以及实用主义等。单就社会主义流派而言，举凡空想社会主义、空想共产主义、无政府主义、国家社会主义、社会民主主义等无所不包，尤其以马克思主义学说的介绍最为充分，影响也最大。

从11月11日到12月4日，杨匏安写就的《马克斯主义——一称科学的社会主义》一文连续在《广东中华新报》上登载19天，系统地介绍了马克思的阶级斗争说、剩余价值论和唯物史观三个部分。文章开篇第一句便盛赞马克思道："自马克斯氏出，从来之社会主义，于理论及实际上，皆顿失其光辉。"文中明确指出"是故社会制度之改革，必不能持其社会之理想，而必由阶级之战争"，只有阶级斗争，才能废除现行法律，废除私有财产制度。全文结尾时又对布尔什维克会取得最终胜利表现出坚定的信心，认为布尔什维克不能用武力扫除，充分体现了他的马克思主义的立场和倾向。

杨匏安的这篇文章与李大钊的著名文章《我的马克思主义观》下半篇（刊于1919年11月《新青年》第六卷第六号）差不多同时问世。这是华南地区最早系统地介绍马克思主义的文章，与李大钊的《我的马克思主义观》，不失同为马克思主义在中国早期传播的名著之一。

杨匏安是华南地区传播马克思主义先驱者。他的宣传活动，不但反映了广东地区先进青年的思想要求，而且为当时正在深入进行的反帝反封建的爱国运动和新文化运动提供了思想理论武器，为广东共产党组织的诞生，做了思想准备。

（四）追求理想先入党，"我们最服膺马克思主义"

杨匏安在系统介绍马克思主义的过程中，被马克思的思想和精神所折服。五四运动在广东的深入发展也让他看到了青年和人民的力量，他开始关注社会的改造，并加入中共党团组织，开启了他为之而奋斗的信仰和事业。

1. 成为广东党团组织的早期成员

1920年底，《广东中华新报》被陈炯明查封。杨匏安先后转到南武中学和甲种工业学校任教。"南武"和"甲工"的学生运动十分活跃，特别是"甲工"，五四以来一直是广州学生运动的支柱。后来著名的革命烈士阮啸仙、刘尔崧、周文雍等都出自这所学校。杨匏安依然用他"信奉的思想"，影响着青年学子。周文雍就是杨匏安教过的学生。

"春风又绿江南岸"，1920年夏秋，毕业于北大的谭平山、谭植棠、陈公博三人回到广州，并在老师陈独秀的函约下，开始联络成立社会主义青年团事宜，创建社会主义青年团，同时创办《广东群报》宣传新思想，同是报界人，谭平山结识了杨匏安，历史的洪流将他们推到了一起。杨匏安很快加入了广州青年团组织，开始了他另外一种选择。

1920年12月，陈独秀来到广州担任广东省教育委员会委员长。马克思主义又在南粤大地得到新一轮传播。1921年春，在陈独秀的帮助下，组建新的"广州共产党"组织，不久，杨匏安经谭平山介绍加入了中国共产党，成为中共广东早期党员之一。杨匏安的家——杨家祠也成了党的秘密活动据点，党早期的许多会议都是在这里召开的。杨匏安开启了为他信奉的革命事业而奋斗的崭新旅程！

2. "我们最服膺马克思主义"

1922年2月26日，广东社会主义青年团创办《青年周刊》，由杨匏安撰写创刊《宣言》，署名"夕弓"。《宣言》公开向读者宣告："我们最服膺马克思主义"，因为它"能把资本制度应当崩坏的纯经济的、纯机械的历程阐明"，"指示我们实现社会主义的实际道路"。最难能可贵的是，这篇短短的《宣言》，已初步把马克思主义同中国的国情联系起来，明确地提出我国革命除了应注重劳工运动之外，"我们尤其注重的是农民运动"，因为"中国是一个农业国，生产的大部分都是出自农民汗血"。同时号召学生、妇女和军队，同青年团员携起手来，共同革命，号召中国军人要学习苏联红军。

《青年周刊》

同年3、4月间，杨匏安在《青年周刊》第三至七期连续发表长文《马克斯主义浅说》，这是用白话文体通俗地、系统地介绍马克思主义三个组成部分的文章，比1919年的那篇《马克斯主义——称科学的社会主义》写得更加深入浅出，准确鲜明。杨匏安的文章适应了广大青年的学习需要，受到了热烈的欢迎。

大革命失败后，中国革命处于十分艰难的环境。1929年，杨匏安在上海党中央机关参与党的报刊编辑出版工作，在工作之余编译了二十余万字的《西洋史要》，这是我国较早出版的，用马克思主义唯物主义观点编写的西洋史专著，出版后广受读者欢迎，至1936年已再版了五次。

杨匏安，作为华南地区系统传播马克思主义的第一人。他用最通俗的语言，写下的大量介绍马克思主义的文章，把马克思主义的"圣火"拨亮于南中国，为广东党组织的成立和大革命的发展，做了思想理论准备。杨匏安也最终为他信仰的主义和事业而奉献生命！

四 陈独秀与中共广东支部的创建

中共广东早期组织的创建

近代以来，社会的剧烈动荡，民族危机日益加深，给中国的先进分子提出了一个十分严峻而现实的问题：中国向何处去？革命向何处去？1917年列宁领导的俄国十月社会主义革命的胜利，使中国人民受到极大的鼓舞，看到了争取中华民族解放的曙光。

五四运动的爆发又推动了马克思主义的广泛传播，为政党的成立储备了必要干部条件、思想条件、阶级条件。中国共产党肩负着使命应运而生。

走在时代前沿的广东，在陈独秀的亲自指导下，创建了全国最早的六个地方党组织之一。中共广东早期组织，把革命的星火燃遍南粤大地，中国共产党真正意义上的实践革命，从这里起航。

1921年春，虽然雨后的空气里尚有几分凉意，但远处竞相开放的木棉花，却散发出勃勃生机。陈独秀，这位中国新文化运动的旗手，此时正在广州担任广东省教育委员会的委员长，他正风尘仆仆地赶往广州高第街的素波巷一栋两层高的岭南民居——"小红楼"。

中共广东早期党组织的重要据点——小红楼

在陈独秀的亲自指导下，"广州共产党"组织孕育诞生。"小红楼"成为党组织的重要据点。8月，第一个中共广东支部在"小红楼"成立。犹如茫茫雾海中的灯塔，给华南带来了新的希望。又如春雷炸响，为南粤大地送来春的消息。从而开启了广东社会主义运动的革命历程。

（一）路在何方？"南陈北李"相约建党

五四运动进一步吹响了爱国的号角，中国向何处去？路在何方？成为无数先进青年苦苦思索探求的关键课题，他们纷纷通过组建社团、政党积极寻求救国救民的道路。

这时，马克思主义如春风般在中国大地得到进一步传播，研究和宣传社会主义成为进步思想界的一股潮流。而在思想文化界有着重要影响力的两个突出人物——李大钊和陈独秀，也被推到了历史的前台，在"南陈北李"的酝酿下，一个影响中国社会发展命运的政党——中国共产党，在悄然孕育诞生。

1. 五四新文化运动的两位先锋

李大钊是在中国大地上举起社会主义旗帜的第一人。出生在战乱动荡年代的李大钊，从小备尝生活的艰辛，养成了忧国忧民的情怀和沉稳坚强的性格。1915年，日本帝国主义提出灭亡中国的"二十一条"，李大钊积极参加留日学生的抗议斗争。他起草的通电《警告全国父老书》传遍全国，他也因此成为著名爱国志士。"铁肩担道义，妙手著文章。"1916年李大钊回国后，到北京大学任图书馆主任兼经济学教授，成为新文化运动的一员主将。俄国十月革命爆发后，李大钊经过深入观察和思考，先后发表《法俄革命之比较观》《庶民的胜利》《布尔什维主义的胜利》等文章，成为中国最早宣传马克思主义的先驱。

陈独秀是新文化运动的旗手，是中国思想界的明星。1915年9月，陈独秀在上海创办《青年杂志》（后改名为《新青年》），掀起了一场空前的新文化运动。1917年，受聘为北大文

陈独秀

科学长，《新青年》编辑部也迁至北京，成为新文化运动的主要阵地。五四运动爆发后，陈独秀密切关注运动的发展，1919年6月11日，为了营救在五四运动中被捕的学生，陈独秀起草了《北京市民宣言》，并毅然走上街头，在北京前门外新世界游艺场散发，遭到反动当局逮捕。陈被捕后，全国舆论一片哗然，各界强烈谴责北洋政府。慑于舆论压力，京师警察厅于9月16日释放了陈独秀。出狱后的陈独秀更加名声大噪！李大钊还特地在《新青年》上发表了白话诗《欢迎陈独秀出狱》，称赞陈独秀的影响"好比花草的种子，被春风吹散在遍地"。

为了帮助陈独秀避免遭到迫害，1920年2月，李大钊雇用了一辆骡车，送陈独秀离开北京。当时李大钊装扮成账房先生，陈独秀装扮成老板，假装收账的样子，从朝阳门离京去天津。由于李大钊是乐亭人，讲的是北方话，沿途一切交涉，都由李大钊出面办理，二人顺利到达天津，陈独秀立马坐船前往上海。一路上，两人就商量"组织中国共产党"，因此成就了"南陈北李、相约建党"的佳话，这一年，陈独秀41岁，李大钊31岁。

2. 共产国际推动建党

中国共产党的最初起步，离不开列宁领导的共产国际的指导。十月革命以后，列宁非常重视殖民地半殖民地人民的革命斗争，把目光转向了中国，希望和中国的进步势力取得联系。

1920年4月，共产国际派代表维经斯基赴华。这时，苏俄已宣布废除沙俄和中国所缔结的一切不平等条约。在这种情况下，中国人民和先进的知识分子对苏俄抱有好感。

维经斯基在北大图书馆和李大钊会谈建党问题

维经斯基一行在北京期间与以李大钊为代表的进步人士举行了多次座谈，向他们介绍了俄国十月革命后的实际情况和苏俄的对外政策，以李大钊为首的一批信仰共产主义的知识分子，更加坚定了走社会主义革命道路的决心。为了加速中国共产党的创建，李大钊介绍维经斯基前往上海会见陈独秀。

3. 首建上海共产党早期组织

1920年4月，维经斯基（中文名吴廷康）和夫人库茨涅佐娃、翻译杨明斋（俄籍华人），来到上海老渔阳里2号，维经斯基向陈独秀提交了李大钊的介绍信，事后，维经斯基向共产国际报告：陈独秀是"当地一位享有很高声望和有很大影响的教授"。同时推动陈独秀建党，与陈独秀一起起草党纲草案。

上海是陈独秀领导掀起新文化运动的发祥地，这里聚集着许多文化思想界的名人。陈独秀决定开始筹建党的组织。5月，陈独秀在上海组织了马克思主义研究会。此时，27岁的毛泽东从北京来到上海，借宿在哈同路民厚南里29号。毛泽东在上海住了两个多月，多次前往老渔阳里拜访心中的偶像陈独秀，两人有过多次交谈。"他对我的影响也许超过其他任何人。"毛泽东后来回忆道，"陈独秀谈他自己信仰的那些话，在我一生中可能是关键性的时期，对我产生了深刻的印象。"

6月，陈独秀同李汉俊、俞秀松、施存统、陈公培等人开会商议建党，是叫"社会党"还是"共产党"？便写信给北京的李大钊、张申府，征求意见。李、张一致认为新组织

上海共产党早期组织诞生地、中共中央机关所在地

提议定为"共产党",陈独秀表示完全同意。

7月,广东的袁振英(北大毕业学生)在上海与老师陈独秀相遇。袁振英回忆他们的此次碰面时说:"我结束游东记者团活动回来,路经上海,被陈独秀聘请到《新青年》出版社,担任'苏维埃俄罗斯研究'一部的主编工作。"此时的陈独秀,正在上海筹划建立中国共产党。这次相遇,使得原本是无政府主义者的袁振英转变为中国共产主义运动早期参与者。

8月,中国共产党第一个早期组织(即中共上海发起组)就在陈独秀的家中、上海法租界老渔阳里2号(今南昌路100弄2号《新青年》编辑部)建立。陈独秀担任中共上海发起组书记。在党的"一大"召开之前,先后参加上海共产党早期组织的有:陈独秀、俞秀松、李汉俊、陈公培、陈望道、沈玄庐、杨明斋、施存统(后改名施复亮)、李达、邵力子、沈雁冰、林祖涵、李启汉、袁振英、李季、沈泽民、周佛海等。其中大多是北京大学毕业的学生。

4. 陈独秀指导各地建党

上海共产党早期组织率先建立后，建党的任务相当艰巨，陈独秀和组织成员积极策动全国各地建立相应的党组织。

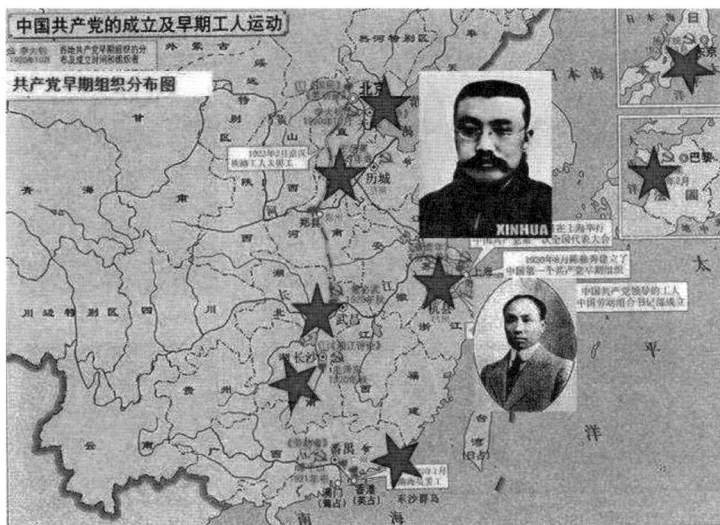

中国共产党早期组织分布图（国内六个、国外两个）

陈独秀首先约请李大钊在北方发动，先成立北京共产党早期组织（1920年10月）；派李汉俊致函董必武并到武汉面见董必武商议建立武汉共产党早期组织（1920年8月）；毛泽东离开上海一直和陈独秀保持联系，着手建立长沙共产党早期组织（1920年11月）；陈独秀函约王乐平在济南组织建党，王乐平由于考虑自身国民党员的身份，推荐了王尽美和邓恩铭组建济南共产党早期组织（1921年春）。

1920年8月，陈独秀在上海创立党组织后，即致函他在北大时的学生（已毕业回到广州）谭平山、陈公博、谭植棠，商约在广州建党，1920年12月，陈独秀赴广州担任广东教育委员会委员长，亲自指导建立了广州共产党早期组织（1921年春）。

在国内一些大城市筹组共产党早期组织的同时，在旅日、旅法的留学生中，也成立了共产党早期组织。

东京共产党早期组织。施存统是上海共产党早期组织最早的成员之一。1920年6月，施存统去日本时，带着一份抄写的中国共产党党纲。到东京后，他依然和陈独秀、李达经常保持联系，商讨建党的有关问题。陈独秀、李达介绍施存统与同在日本鹿儿岛就读的周佛海联系，1920年夏秋，建立了中国共产党在日本的早期组织，陈独秀指定施存统为负责人。这时的彭湃刚好在日本，根据施存统的回忆："我在日本期间，和彭湃有见过几次面，也代表留日中国共产党小组和他（彭湃）作过一次长谈，彭湃强调的主张是：中国是农民占多数，中国革命要依靠农民，他对党是表示支持的，但跟党的意见不完全一致。他当时还没有加入留日中国共产党小组"。

巴黎共产党早期组织。陈公培曾在上海参加共产党早期组织筹备工作，并参与起草党纲。陈公培出国时，也抄写了一份中国共产党党纲带去法国。1920年4月，陈公培接到陈独秀的信去见张申府，也接上党组织关系。于是，张申府、赵世炎、陈公培、刘清扬、周恩来等成立了巴黎共产党早期组织。

陈独秀、李大钊等一群拥有着爱国热血的先进青年知识分子，为着一个共同的目标——民族复兴，走在了一起，他们如星星之火，尝试着凝聚先进青年，去点亮全国各地黑夜里的灯火。陈独秀更是肩负着建党的责任，把革命之火引向南方——广州。

（二）南粤政局生变！陈独秀应邀赴粤掌管教育

五四运动在广东的蓬勃发生与延续，严重冲击了桂系军阀莫荣新在广东的统治。支持孙中山的革命力量在集聚上升，一场政局的大变动，骤然来临。

1. 驱逐桂系军阀，孙中山重掌南粤

1920年10月，避居上海的孙中山，调集革命力量，指派陈炯明率援闽粤军进攻广东，赶走盘踞广州的桂系军阀陆

总统府旧址（今中山纪念堂位置）

荣廷、莫荣新，陈炯明就任广东省省长兼任粤军总司令。11月25日，孙中山偕伍廷芳、唐绍仪、宋庆龄等乘坐中国邮船公司"中国"号离沪赴广州。28日，途经香港抵穗，并于1921年4月在广州重组护法军政府就任非常大总统，设"总统府"于广州观音山麓。

这也是孙中山在广东第二次建立政权时期。广东革命环境的确立，为广东共产党早期组织的建立提供了支持。也为共产党早期活动中心南移广州奠定了必要的社会基础。

2. 省长陈炯明邀请陈独秀赴粤

陈炯明，1878年生于广东海丰县，21岁中秀才，28岁就读于广东法政学堂，以优等成绩毕业。31岁推选为广东咨议局议员。参加过辛亥革命及著名的黄花岗起义，黄花岗之役中为敢死队第四队队长，后又追随孙中山开展护法运动，从事革命，深得孙中山重用。

陈炯明虽然是个军人，但当时思想比较开明，崇尚文化教育，欣赏陈独秀在文化教育界的影响及教育理念。早在漳州时期，就曾经邀请过陈独秀到漳州掌管教育，遭到拒绝。此时，担任广东省省长之后，陈炯明雄心勃勃，决意要把广东建成全国模范省，特别邀请陈独秀南来广州执掌广东省教育委员会工作。

陈独秀

陈独秀认为："广州是我国重要的省城，在历史上是革命的策源地，曾多次起过先驱作用，作出过重要的贡献，而今更应顺应历史潮流，发挥更大作用。"也想借此行，拓展党的组织，在南粤开拓新局面。

于是，他向陈炯明提出三个条件：一是教育独立，不受行政干涉；二是以广东全省收入十分之一拨充教育经费；三是行政措施与教育所提倡的学说保持一致。陈炯明一口应承。

就在羊城热热闹闹迎接新年到来的时候，1920年12月17日，新文化运动的旗手、五四运动的总司令陈独秀布衣韦带，携带一箧书卷和随行的维经斯基、袁振英、李季，踏着1921年新年的脚步声，乘船经香港，于26日到达花城广州。《广东群报》登出"已到广州之陈独秀先生"的照片，并发表了陈独秀的文章《欢迎新军人》，他在文章中说："我心中对于广东充满了我的希望"。陈独秀先下榻长堤的大东酒店，不久移住泰康路附近的回龙里九曲巷11号寓所，门口挂了一块匾额，上书"看云楼"。在这个风云变幻的时代，陈独秀要一展抱负。

3. 推动广东教育改革，宣传新思想

陈独秀倡导的新文化运动的一个重要影响是推动了教育改革。时任民国教育总长的蔡元培大力支持新文化运动和教育改革。1918年北洋政府教育部正式颁布"注音字母"，推广国语；1920年北洋政府教育部开始规定一、二年级教材使用白话文（1922年全面推广）；同时，国民政府教育部颁布了《教育体制改革法令》；1920年北京大学开始招收女生，男女同校也拉开序幕。

新文化运动在上海和北京等地开展得如火如荼，而广东早前由于桂系军阀统治，思想文化界可谓死气沉沉。这次陈独秀来粤，有孙中山革命环境为基础，又得到思想开明的陈炯明支持，无疑为南方新文化运动注入新的活力。

得悉陈独秀到广州，各界人士慕名而来探望，有的请他撰稿和去演讲。陈独秀的日程是"逐日排满"。包惠僧回忆，陈独秀住的地方等于是不设防的城市，什么人都可以随

时去看他，他也是什么人都接见，一天到晚总有人来来往往。据记载，单是1921年1月间，陈独秀到广州各类学校发表了七次大型演说。他运用马克思主义和唯物主义的理论，分析和阐明了有关社会主义、教育、劳动运动、人生观、妇女解放等问题，在学界引起不小的反响。

陈独秀通过开启民智推动教育改革，并在报刊上刊载他的教育改革计划，强调要建立全面的教育系统，包括：未成年教育、成年教育、专门教育，普及幼儿园、中小学教育，创办大学，重视对人才从小到大的培养。

教育委员会还决定筹办西南大学、市民大学、编译局、宣讲员养成所、贫民教养院、劳动补习学校、通俗图书馆、幼稚园等社会教育机构。一系列的改革，令人耳目一新。

这些举措，得到孙中山、陈炯明的大力支持。1921年，广东教育经费预算为153万余元，实际支付为111万余元，面对巨额经费，陈炯明闻后决定裁兵，"每年可省军饷500万元，即以溢额拨为教育经费。"可见对教育支持之力度。

1921年1月，陈独秀派袁振英任广东省立一中校长，并支持袁首创中学男女同校，却受到广东省教育会长汪精卫等人士的强烈反对。袁与汪精卫论争。经过辩论，袁振英取胜。从此，陈独秀在广州支持首创的中学男女生同校，开风气之先，并逐步影响全国。

陈独秀的南粤之行，可谓"四剑齐发"，既推动了广东的教育改革，又打开新文化运动的局面，同时传播了马克思主义，广东党组织也在酝酿成立。

（三）责任在肩！"小红楼"里创建党组织

1920年12月陈独秀抵粤，随行的有维经斯基、袁振英、李季。此次来粤，陈独秀肩负两大任务：第一，应广东政府的邀请，担任广东教育委员会委员长；第二，组建广东共产党。正如广东共产党早期成员谭植棠所说："1920年冬，陈独秀奉广东政府之命来广东主持教育委员会，同时负有华南组党的任务。"

纵观广东共产党早期组织的创建，实际上经历了一个"广东共产党——广州共产党——中共广东支部"发展过程，其间，陈独秀对广东共产党早期组织的创建，起了非常重要的作用。

1. 陈独秀曾函约学生在广东建党团组织

1920年8月，陈独秀等人在上海成立了中国第一个共产党组织，接着，陈独秀遂致函他在北大时的学生（已毕业回到广州）谭平山、谭植棠、陈公博，商约在广州建党团组织。

谭平山、谭植棠、陈公博等广东知识青年，1917年夏天考进北京大学。在北大期间，谭平山、谭植棠、陈公博等都在文科学习，陈独秀是文科学长，成为直接的师生关系。他们除了接受课堂教育外，还经常登门拜访陈独秀，亲聆教导。可以说，陈独秀后来和广东共产党早期组织的关系，这时已经开始。

1920年夏，谭平山和陈公博、谭植棠等从北京大学毕业回到广州。8月，陈独秀在上海成立首个共产党早期组织，遂致函他在广东的学生谭平山、陈公博、谭植棠，商约在广州建立党团组织。鉴于广东的形势，谭平山等人开始发起筹建团组织，11月，正式成立了"广州社会主义青年团"。

2. 共产国际推动建立"广东共产党"组织

共产国际代表维经斯基来中国推动建党之时，已经关注到广州这个城市。1920年秋，维经斯基派斯托扬诺维奇和别斯林到广州帮助建党。斯托扬诺维奇、别斯林由北京大学的学生黄凌霜（无政府主义者，当时是北京共产党早期组织的成员）引领抵达广州。黄凌霜将斯托扬诺维奇、别斯林二人引荐给区声白、梁冰弦等无政府主义者。经过接触商议，斯托扬诺维奇、别斯林与7名无政府主义者共同成立了"广东共产党"。并租用永汉北路（今北京路）光光眼镜店二楼作为活动中心。

1920年10月，当粤军回粤时，广州街头还出现了以"广东共产党"名义散发的、题为《苦的是平民！怎样才是快乐呢？》的传单，指出："根本的办法，只有平民振起，由农夫劳动者的组合，把一切政治机关推翻，把一切金钱组织推倒，实行共产主义去！"

"广东共产党"主要开展劳工状况调查，并到工人当中从事宣传和发动工作。1920年10月，由斯托扬诺维奇、别斯林出资，以梁冰弦、黄凌霜等为主要撰稿人，创办了《劳动者》周刊。主编是刘石心（无政府主义者刘思复的胞弟），周刊宣传劳工神圣，号召工人团结起来，组织工会，反对资本家压迫，是与上海的《劳动界》、北京的《劳动者》一样，同为向工人宣传革命道理的通俗刊物。

《劳动者》周刊

《劳动者》的传播方式十分接地气。1920年9月5日第4册载《穷人和富人热天生活比较》，1920年10月23日第11册《中国劳动者可怜的要求》，从这些篇目可以看出，此类文章通俗、明白，贴近群众，引起当时工人群体的共鸣。《劳动者》共出版八期，于1921年1月停刊。

"广东共产党"组织与上海共产党组织、北京共产党组织一样，是同时在共产国际的推动下建立的，但因广东是受无政府主义影响的重地，新萌生的"广东共产党"，在组织上和思想上都是无政府主义者占主导。

3. 陈独秀重新组建广州共产党早期组织

陈独秀肩负着建党的使命来到广州，在担任广东省教育委员会委员长的同时，也把指导广东建党放在重要的位置。

陈独秀经常约见谭平山、陈公博、谭植棠商谈建党事宜，他认为：现在孙中山在广东建立政府，正是开展民众运动的好机会；为使民众运动获得发展，必须像上海、北京那样，建立共产主义者的组织。谭平山也非常同意陈独秀的看法，认为：几十年来，帝国主义列强视我们中国人为"东亚病夫""一盘散沙"。如今，我们实在需要建立一个强有力的政党组织，以宣传和组织民众，为振兴中华做出努力。作为陈独秀的学生，陈公博、谭植棠都表示赞同。

陈独秀又与"广东共产党"的成员刘石心、梁冰弦等人联系，研究党的组织问题，还将自己起草的"党纲"提交他们讨论。双方意见在关键问题上发生了分歧。无政府主义者反对在"党纲"写上实行"无产阶级专政"的条文。经过激烈争论，陈独秀等人认为这一问题不能让步，必须与无政府主义者分开；而无政府主义者也认为"无产阶级专政"的理论与他们基本观点相悖，遂宣告退出共产党组织。

1921年春，经过认真酝酿、准备，在对"广东共产党"改组的基础上，陈独秀、谭平山、陈公博、谭植棠及斯托扬诺维奇、别斯林等组成新的"广州共产党"组织，陈独秀为首任书记。当广州共产党早期组织成立时，原上海共产党早期组织的成员沈玄庐、袁振英、李季正随陈独秀到粤工作，参加了广州共产党早期组织。此外，包惠僧受上海共产党早期组织派遣，于5月到穗见陈独秀，也参加了广州共产党早期组织的活动。

广州共产党早期组织，是中共一大前，全国最早建立的六个地方党组织之一。不仅陈独秀亲自担任书记，其成员也包含上海共产党早期组织的部分成员。可见其与上海的关系，以及其在中共早期建党中的地位。

4. "小红楼"、杨家祠成为广东共产党早期组织的活动地点

广州共产党早期组织成立后，其活动地点主要在广东教育委员会下属的广东宣讲员养成所"小红楼"，有时也曾在越华路杨家祠（泗儒书室，杨匏安、杨章甫家）召开会议。广州共产党早期组织成立后，大力开展宣传工作，先后成立了马克思主义研究会，创办了宣讲员养成所、注音字母教导团、广州机器工人补习学校、俄语学校等，有力促进了马克思主义进一步传播，并促进了先进知识分子与工人运动的结合。杨匏安这一时期在谭平山的介绍下加入共产党，成为广东党组织的早期党员。

（四）传播马列！《广东群报》营造文化新高地

在陈独秀到广州之际，一份地方报纸《广东群报》迅速走进人们的视野，陈独秀、蔡元培、李大钊等新文化运动主将的文章经常跃然纸上，吸引着南粤的人们争相订阅，其发行量迅速达到1000余份。"广州共产党"组织成立后，《广东群报》成为党组织的机关报，是传播马克思主义的一块重要阵地，为中国共产党的成立和发展奠定了重要的思想基础。

《广东群报》

1. 谭平山创办《广东群报》

谭平山、谭植棠等在北京大学读书时，深受陈独秀、李大钊的影响，开始接触马克思主义。谭平山很快加入了傅斯年、罗家伦组织的"新潮社"，参与创办《新潮》杂志，并积极撰稿。

谭平山在《新潮》创刊号上发表的《哲学对于科学宗教之关系论》得到了蔡元培的赞赏，指出此文"甚有见地"，尤其值得一提的是，谭平山在第一卷第五号发表的《"德谟克拉西"之四面谈》一文中，对马克思所著《资本论》以及《共产党宣言》中的主要观点进行了介绍。这篇论文,是中国较早介绍《共产党宣言》的文章之一。

由此，谭平山在人才济济的北京大学崭露头角，成为声名鹊起的北大才子，也成为五四新文化运动中的弄潮儿。

《新潮》杂志

1919年五四运动爆发了，谭平山和同学们手执"拒绝和约""还我青岛""惩办卖国贼"等口号小旗，与北京十几所学校的学生，举行了示威游行，被军警拘捕，后被释放。

经历了时局的动荡，谭平山决意要改造社会。1920年3月，他和陈公博、谭植棠在上海创办了《政衡》杂志，发表了《中国政党问题及今后组织政党的方针》《我之改造农村的主张》等理论文章，反映了谭平山、谭植棠等人这时已经产生了依靠政党彻底改造社会的思想。

《政衡》杂志

1920年夏，谭平山和谭

植棠、陈公博等人大学毕业后回到广州，谭平山、陈公博担任广东高等师范学校教师，谭植棠担任广东法政学校教师。他们依然积极谋求社会的改造，鉴于"所有社会组织的基柱，已呈锈蚀的现象，非向根本上重新改造，旦夕间就会发生栋折梁崩的危险"，1920年10月20日，他们创办了《广东群报》，陈公博任总编辑，谭植棠任经理兼编辑，谭平山任编辑。该报之所以命名为"群报"，就是要张扬人类的"群性"，以"巩固群的壁垒，增进群的乐利"，"小群效力于大群"。该报选定广州第七甫100号作为报社的社址。

《广东群报》的创刊，得到新文化运动的旗手陈独秀的支持，创刊号上登载了陈独秀的文章《敬告广州青年》，期望广东青年"讲求社会需要的科学，切切实实研究社会实际问题底解决方法""做贫苦劳动者底朋友，勿为官僚资本家佣奴"。由此，陈独秀更加关注广东这块新文化的处女地。

三个北大学子，凭借着一腔热忱，让广东的

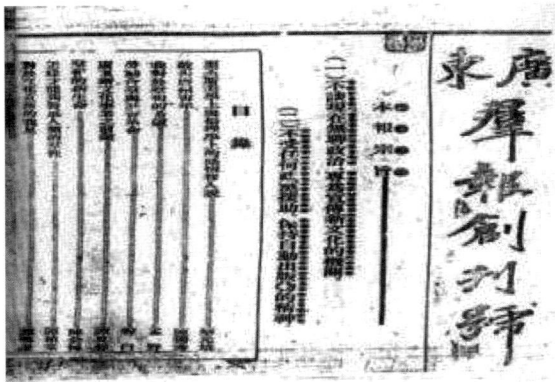

《广东群报》创刊号

新文化运动呈现了一线曙光。这一年，谭平山34岁、谭植棠27岁、陈公博28岁。他们选择了一条与常人不一样的奋斗之路。

2. 开展"反对无政府主义"的论战

中国共产党创建初期，社会上各种思想混杂，什么是马克思主义？什么是真正的社会主义？很多人难于分辨，打着社会主义旗号的无政府主义、工团主义等蒙蔽影响着许多青年人，在党的早期组织中，无政府主义者也占了多数。因此，在思想上，按照马克思主义的原则建党显得尤为重要。

广东是中国无政府主义的发源地。中国无政府主义第一人刘思复就是香山人，1912年5月，他在广州西关存善东街8号成立"晦鸣学舍"，这是中国组织的第一个无政府主义团体。五四前后，区声白（广东南海人，北大毕业）、黄凌霜（广东台山人，北大毕业）又是中国无政府主义的主要代表人物。他们崇尚绝对自由，宣传俄国无政府主义者克鲁泡特金所著《互助论》，在广东乃至全国都有着相当的影响。

《广东群报》创刊初期，即连载俄国无府主义者克鲁泡特金所著《互助论》（区声白译），说明《广东群报》初时的思想倾向，同马克思主义还有一定距离，还带有无政府主义的色彩。

1920年12月，陈独秀来粤后，迅速激起了南粤新文化的浪潮。《广东群报》开始大量刊载宣传马克思主义的文章，一场马克思主义与无政府主义的论战迅速在这里上演。

首先，《广东群报》的版面发生了明显的变化，主要表现为大量转载上海《共产党》月刊的文章，加重了对苏俄和各国共产党情况的报道。《广东群报》的第八版，为《世界要闻》版，以报道苏俄见闻、各国共产党的活动、世界各地革命运动的状况为主。1921年1月，该版共刊登国外消息161篇，其中关于苏俄的63篇，关于第三国际和各国共产党的18篇，关于各国革命运动的45篇。1921年元旦，《广东群报》登出了列宁的大幅照片。《元旦增刊》的署名文章鲜明写道："社会主义已成为人类的信仰，而这种信仰，已由空想的地步，进到了实现的地步。"呼呼人们，"快要信仰社会主义，去实行社会的革命。"

接着，1921年1月19日，陈独秀在广东省立法政专门学校作《社会主义批评》的演讲，剖析了"无政府主义""共产主义""国家社会主义""工团主义""行会社会主义"五派的异同。陈氏重点批评了无政府主义。1月22日，无政府主义者区声白（时任岭南大学教师）发表《致陈独秀先生书》加以反驳，鼓吹无政府主义。争论由此发端。

陈独秀和无政府主义者区声白在《广东群报》上展开了六次通讯战。着重批判无政府主义主张不要国家、不要政府、不要法律的危害。为此，陈独秀主编的《新青年》第九卷第四号特别办了一期关于"无政府主义讨论"的专辑，发表了陈独秀同区声白讨论的六封长信，构成了中共党史上的一次著名的论战。

《广东群报》还刊登了李达《社会革命底商榷》（署名江春）、包惠僧《讨论社会主义并批评无政府党》以及《共产主义与无政府主义及议会派之比较》等文章。以《广东群报》为主阵地的这一场论战，使许多人逐步认清了无政府主义的实质，划清了马克思主义与无政府主义的界限，使马克思主义得到了进一步的传播。

3. 《广东群报》成为广东党组织的机关报

1921年春，新的广州共产党早期组织成立后，《广东群报》成为党组织的机关报，这是中共创建初期第一份地方党报（日报）。党的活动开始有了稳固的组织和宣传阵地，推动了马克思主义在南粤迅速传播。

《广东群报》开辟了《马克斯研究》《俄国研究》译论、论著等专栏，先后发表了《马克斯的一生及其事业》《列宁传》等长篇译作；登载列宁的一些演说和著作，如

《俄罗斯的新问题》（袁振英译）及关于新经济政策、国家资本主义等问题的论述。

陈独秀、李大钊、李达、谭平山、陈望道、沈雁冰、李季、瞿秋白等这些《新青年》杂志的主笔人的文章，成为《广东群报》的耀眼的亮色，李大钊的《马克思的政治经济学说》、瞿秋白的莫斯科长篇通讯《共产主义之人间化——第十次全俄共产党大会》等文章，让南粤青年更深入地了解了马克思、列宁及社会主义。

彭湃在1923年9月7日致友人施存统的信中说："我从前是很深信无政府共产主义的，两年前才对马氏（马克思）发生信仰。……年来的经验，马氏我益深信。"叶纫芳致书谭平山称："民国三年，亡友师复来沪，我便和他常常研究安那其主义……直到俄国革命成功，马氏学说大昌，我拿他们底学理事实，细心观察，才恍然明白要达到共产主义，非走这一条路不可，而且并无第二条路可走了。"

《新青年》称赞《广东群报》："是中国南部文化运动的总枢纽……是广东十年来恶浊沉霾空气里面的一线曙光。"《广东群报》成为南方传播马克思主义的文化新高地，一股宏大的革命浪潮亟待从这里涌动扬起！（《广东群报》在1922年夏，因陈炯明事件停刊）

（五）迎接新曙光！《新青年》迁粤出版续新篇

《新青年》杂志，凝聚着一代青年人的思索与梦想，代表着先进青年为"救亡图存"发自内心的呼唤与呐喊！1921年4月，《新青年》伴随着陈独秀南下迁粤出版，南粤文化界迎来了新的曙光！

1. 1920年《新青年》改组，发出建党先声

1920年9月，陈独秀在《新青年》第八卷第一号发表了《谈政治》一文。强调"我承认用革命的手段建设劳动阶级（即生产阶级）的国家，创造那禁止对内对外一切掠夺的政治法律，为现代社会第一需要"。这篇观点鲜明的檄文，标志着《新青年》改组，成为中共上海发起组领导的社会主义刊物。

1920年9月1日，《新青年》第八卷第一号出版，一个有象征意义的细节是，从这一期起，《新青年》的封面正中绘制了一幅地球图案，从东西两半球上伸出两只强劲有力的手紧紧相握。

《新青年》第八卷第一号

据当时编辑《共产党》月刊的茅盾回忆说，这一设计"暗示中国人民与十月革命后的苏维埃俄罗斯必须紧紧团结，也暗示全世界无产阶级团结起来的意思"。同时，也标志着《新青年》发出建党的先声与《新青年》的转向。引起了胡适的反对，1920年底至1921年初，他写信给陈独秀，指责改组后的《新青年》"色彩过于鲜明"，"令《新青年》差不多成了《苏俄》的汉译本"，提出要《新青年》从上海迁回北京编辑出版，发表一个"不谈政治"的声明，但遭到陈独秀、李大钊的反对。中国新文化思想界开始分裂了。胡适与陈独秀这对安徽老乡、五四盟友，走上了不同的道路。

2. 《新青年》迁粤续新篇

自陈独秀离沪南下广州，上海共产党早期组织的宣传工作面临困境。1921年2月11日，由于上海新青年杂志社出售《阶级斗争》《到自由之路》等书籍画报，法国巡捕房就以"言词激烈，有违租界章程"为借口，将新青年杂志社强行封闭。4月，新青年杂志社南迁广州。新青年杂志社迁到广州繁华的现名北京路附近的一条不起眼的老街——昌兴街26号。当天，《新青年》第八卷第六期出版，继续宣传革命理论。这一时期，适逢陈独秀与无政府主义者展开论战，《新青年》成为南粤宣传马克思主义的又一块重要阵地。

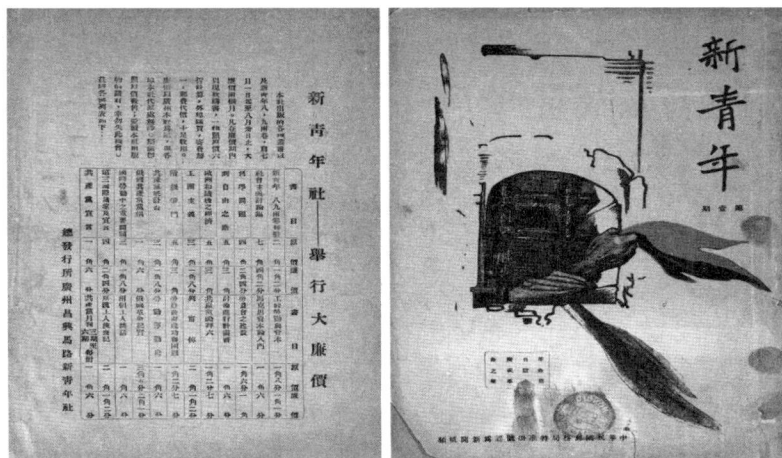

《新青年》杂志封面与内页

广东较宽松的环境为《新青年》的出版提供了支持！中共成立之后，《新青年》继续在广州出版，1921年出版第九卷第五号后一度停顿，到1922年7月出版第九卷第六号。结束第九卷后休刊。1923年6月，《新青年》改组成季刊，仍在广州出版，并成为中共中央的理论性机关刊物。

中共建党初期的"文人领袖"瞿秋白成为《新青年》季刊的主编和最主要的作者。至今保留的《新青年》季刊创刊号封面，正是瞿秋白亲自设计的。封面的中心是监狱的铁窗，一只有力的手从中间伸出，手中握着鲜红的绸带。铁窗下写着一句话，"革命党自狱中庆祝革命之声"。这幅封面象征着革命者不畏监狱，正如陈独秀的《研究室与监狱》所言："我们青年要立志出了研究室就入监狱，出了监狱就入研究室"，革命者用新思想的火花迎接革命的到来。

1923年6月，《新青年》季刊第一期上发表了瞿秋白从俄文版《国际歌》译来的歌词和简谱，这便是我国最早能唱的《国际歌》。《国际歌》由此在社会上传唱开来。

（六）培养人才！宣讲员养成所打造干部教育基地

发展平民教育是陈独秀在广州期间着力推行的教育改革理念。为此，陈独秀大力倡导创办宣讲员养成所、注音字母教导团、机器工人补习学校等平民教育机构，得到陈炯明的大力支持。"小红楼"里活跃着广东共产党早期组织成员的身影，一所共产党的最早培养干部的学校，在这里成立。

1. 积极推动创办宣讲员养成所

陈独秀借来粤之机，大力倡导宣讲员养成所的创办。教育改革的目的在于改造社会，而改造社会，就要大力开启民智，努力提高全社会的教育、文化水平。陈独秀认为，教育的根基是非成年教育，但在当时教育十分落后、劳苦大众受教育的机会普遍缺失的情况下，"目前非注意成年教育不可"。这就需要培养大批能够面向社会，向广大民众做通俗讲演，做文化普及、推广工作的宣讲员。

广东省政府办宣讲员养成所，每年计划投入30万元，当时办一所省立中学每年经费预算是3万元，一所专科学校是10万元，可见，办宣讲员养成所，广东政府投入的经费之多，反映了陈独秀对办宣讲员养成所的高度重视。

陈独秀创办广东宣讲员养成所的宗旨"就是为了宣传和普及马克思主义，造就将来开展群众工作的干部"。

2. 凝聚人才打造干部教育基地

《广东群报》1921年6月20日报道："宣讲员养成所定期开学。"陈独秀苦心筹办的宣讲员养成所宣告成立，陈独秀委任陈公博担任所长，谭植棠为教导主任，由谭平山、杨章甫、谭天度、邓瑞仁等人任教员。招考对象是进步青年，设专门班和普通班，专门班招收相当于中学毕业程度的学员，开设一般高等学校的课程，有哲学、教育学、伦理学、外国语等，一年毕业；普通班程度稍低，半年毕业。招收学生共100多人。开设课程有：共产主义常识、社会科学和社会教育等。钟道生还记得，宣讲员养成所入学考试的作文题是《我们的历史使命》。宣讲员养成所的图书馆，有很多宣传马克思主义的进步书籍。

陈独秀还在这里创办了一个注音字母教导团，该团的经费均由广东政府拨给，招收中小学教师共100多人。由陈独秀指定张毅汉为负责人，谭平山、谭植棠等曾轮流给学生作专题报告，宣传马克思主义。此外，还开设了一间俄语学校，聘请来广东组党的俄国人斯托扬诺维奇等人担任教授。这间学校通过学习俄语，引导学生研究马克思主义和十月革命的情况，收效颇大。陈独秀倡导举办的这些学校，为广东党组织领导革命斗争准备了一批骨干力量。

广东早期党员梁复然说：宣讲员养成所"主要是培养具有共产主义理论知识的人才，培养向广大工农群众进行革命宣传，传播马克思主义知识的宣讲员"。"宣讲员养成所的学生有孙律西、萧一平、黄学增、施卜、钟觉（钟道生）、黄觉群、刘琴西等，他们后来多成为广东共产党、青年团的重要干部"。如施卜于1922年入党，投身广东工人运动，任广东工团军团长、省港罢工工人纠察队队长。黄学增后来就成为广东党团组织的主要领导干部，农民运动的领袖，与彭湃并驾齐驱。后来在淞沪抗日时阵亡的抗日将领黄梅兴，也是宣讲员养成所学生。

宣讲员养成所的创办，是陈独秀主持的广东教育改革的产物，是与新文化运动密切联系的新生事物，为共产党培养了早期革命骨干。

（七）红船起航！中共广东支部开启新征程

1920年夏至1921年春，随着马克思主义在中国的广泛传播，工人阶级的觉悟不断提高，中国共产党早期组织在上海、北京、武汉、长沙、济南、广州以及赴日、旅欧留学生中相继成立，建党条件基本成熟。

1921年7月23日，中国共产党第一次全国代表大会在上海开幕。一群平均年龄28岁的年轻人，硬是在陷入黑暗的中国，竖起了一座指航向、照航程的灯塔，中国人民从此有了希望。

1. 酝酿召开党的全国代表大会

1921年6月，共产国际代表马林取道欧洲来到上海，与从西伯利亚南下的另一位共产国际代表尼克尔斯基会合。

他们很快与中共上海早期组织的李达、李汉俊取得联系，建议及早召开党的代表大会。李达、李汉俊在征询陈独

上海中共一大会址

秀、李大钊的意见并获得同意后，分别写信给各地党组织，要求每个地区派出两位代表到上海出席党的全国代表大会。

陈独秀此时在广州因兼任广东大学预科校长，正准备争取一笔拨款，用以修建广东大学的校舍，担心离开，事情会泡汤，不能与会，就指派包惠僧代表他参加，中共广东早期组织委派了陈公博参会。

李大钊则因兼任北京八所国立专科以上高校教职员代表联席会议主席，此时正带领八校教职员为政府拖欠薪水和教育经费之事罢教，无法走开，委派张国焘参会。所以两位党的重要创始人都没有出席一大。

1921年7月1日，陈独秀在《新青年》第九卷第三号发表了一篇短文《政治改造与政党改造》："我以为共产党底基础建筑在无产阶级上面……新的共产党究竟如何，全靠自己做出证据来才能够使人相信呵！"对即将诞生的中国共产党寄予了殷切期望！7月1日这天，后来也被确定为党的诞生纪念日。

2. 中共一大在上海召开

1921年7月23日晚8时，中国共产党第一次全国代表大会，在上海法租界望志路106号（今兴业路76号）李汉俊的寓所召开。

出席大会的有国内各地和旅日共产党早期组织的代表13人，他们是：毛泽东、何叔衡（长沙代表），董必武、陈潭秋（武汉代表），王尽美、邓恩铭（济南代表），李达、李汉俊（上海代表），张国焘、刘仁静（北京

出席中共一大的代表与共产国际代表

代表），陈公博（广东代表），周佛海（旅日代表），以及陈独秀的代表包惠僧。他们代表着7个地区的53名党员。另有共产国际代表马林和尼克尔斯基参加大会，出席中共一大的共有15人。旅欧共产党早期组织，则因路途遥远，没有选派代表与会。出席一大的12个代表和一个非代表中，年龄最长者何叔衡46岁，最小者刘仁静只有19岁，平均年龄28岁。一群年轻人为了初心和使命走到一起。

会议由张国焘主持，毛泽东、周佛海担任记录。大会的中心任务是讨论正式成立中国共产党问题。

7月24日之后的几天，会议主要任务是起草中国共产党的纲领和党章决议，审议《中国共产党第一个纲领》，大家发言热烈，其中有不同观点的争论，会议进行得正常顺利。

3. 会议中途遇险，转移至嘉兴红船完会

7月30日晚，会议刚开始，法租界巡捕房探长程子卿因事路过望志路106号，听到里面有人讲话，疑心是在开会，便破门而入。他支支吾吾地说："对不起，走错门了。"转身便走。马林凭他长期地下斗争的经验，断定此人是敌探，决定休会，马上离开。代表们除李汉俊、陈公博留下外，其他人迅速转移。果然，几分钟后一群警察便涌来搜捕，幸有李汉俊机智应对，再加上警察在询问中得知此屋是他的兄长、曾任北京政府陆军总长李书城将军的公馆，才化险为夷。

当晚12时左右，代表们陆续来到老渔阳里2号李达家里。经商议，决定移址嘉兴南湖把会开完。第二天，中共一大代表们分批在上海北站集中乘火车南下，到达浙江嘉兴南湖，由李达夫人王会悟安排，租了一艘豪华的游船做掩护，继续开会。

广东代表陈公博因30日晚开会受惊，回到旅馆后又因隔壁房间发生凶杀案，被警察盘问，再次受惊，而没有出席

这次会议。马林和尼克尔斯基因形象过于引人注意，行动不便，也没有到嘉兴参加会议。

中共一大在南湖红船上召开

会议讨论通过了《中国共产党党纲》和《关于当前实际工作的决议》，其纲领是：以无产阶级革命军队推翻资产阶级，由劳动阶级重建国家；采用无产阶级专政，最终消灭阶级；废除私有制，没收一切生产资料；联合第三国际。党纲确定，党的名称是中国共产党；党纲中关于入党条件也作了规定。选举产生了临时中央领导机构——中央局：由陈独秀（任书记）、张国焘（任组织主任）、李达（任宣传主任）组成，宣告了中国共产党正式成立。红船起航！

4. 中共广东支部正式成立

党的一大后，陈公博回到广州，向陈独秀报告了一大情况和决议。1921年8月，广东党组织在宣讲员养成所召开党员大会，会议还邀请一些党外先进分子参加。谭平山主持会议，听取了陈公博关于党的一大精神传达。

这次大会宣告：中国共产党广东支部正式成立。由谭平山任书记，陈公博负责组织，谭植棠负责宣传。大会还宣布吸收与会的党外先进分子入党。此时，中共广东支部的成员，除上文已提及的人员之外，主要有阮啸仙、林伯渠、杨匏安、张善铭、周其鉴、冯菊坡、梁复燃、郭植生、陈适曦、王寒烬、罗绮园、刘尔崧、黄裕谦等。在广东五四运动中涌现出来的先进分子，许多都成为广东党组织的成员。中共广东支部隶属于中央局。

陈独秀因故没有出席党的一大，会后，共产国际代表马林建议陈独秀辞去广东的职务，到上海主持中央局的工作。9月，陈独秀辞去了在广东省的职务回到上海就任中央局书记职务。

中共一大的召开，中央及各地方党组织机构的正式成立，使中国共产党有了集中统一的领导，中国的社会主义运动就此拉开了序幕。

5. 中国共产党成立的重要意义

1921年7月，中共一大召开，宣告中国共产党正式成立。从此，在古老落后的中国出现了一个完全新式的，以马克思列宁主义为行动指南的，以实现社会主义和共产主义为奋斗目标的统一的无产阶级政党。表明了共产党人的初心和使命！

这是中国历史上开天辟地的大事件。中国共产党是中国近代社会经济政治发展和思想演变的结果，是马克思主义同中国工人运动相结合的产物。它的成立，是近代中国革命历史上划时代的里程碑。由于中国共产党拥有马克思主义这个最先进的思想武器，它所提出的纲领和奋斗目标，符合中国革命和中国社会发展的必然方向。

因此，从它诞生时起，就充满着勃勃生机和活力，预示着中国的光明和希望。犹如一轮红日在东方冉冉升起，给灾难深重的中国人民带来了光明和希望，给中国革命指明了方向。正如毛泽东所说的那样，"中国产生了共产党，它是开天辟地的大事变"中国共产党成立后，中国革命的面目就为之一新了。

在中共中央的领导下，在陈独秀的影响下，广东的党组织从此成为中共革命初期重要的组织力量！中共广东支部成立后，大力发展组织，特别重视在青年学生和工人中发展党员，培养了许多青年党员和干部，至1922年7月中共二大召开，当时全国共有党员195人，其中广东32人，占全国党员总人数的16.4%，在当时全国有党员的13个地区当中，党员人数仅次于上海，为广东成为大革命的策源地做了组织上的准备。中国共产党的星星之火，在南粤渐成燎原之势！

五 团一大与中国社会主义青年团的诞生

马克思主义认为，革命青年是推动历史前进的巨大动力。中国共产党一成立，就遵循马克思主义原则，把领导青年运动作为一项重要工作来抓。中国共产党积极推动全国的青年组织的创建，集合大批先进青年。为了统一思想和组织，临时团中央决定在广州召开青年团一大，一场青年人的盛会在广州拉开帷幕。

广州团一大纪念广场

1922年5月5日，春光明媚，适逢纪念马克思诞辰的日子，广州的东园广场格外热闹。这里四周都是古老的大榕树，枝繁叶茂，散发着新的生机，来自全国各地的青年精英在这里荟萃，他们风华正茂、意气风发，畅谈理想，见证着中国社会主义青年团的正式诞生。在中国共产党领导下的青年运动正式从这里起航！

（一）五四锻造新青年，各地筹建青年团

五四运动是中国新民主主义革命和中国青年运动的伟大开端，它促成了马克思列宁主义与中国工人运动的结合，革命知识分子与工人群众的结合，为中国共产党及其助手青年团的创立做了准备。马列主义在青年中的广泛传播，为建团做了思想上的准备。在斗争中锻炼出一批革命青年，为建团做了组织上的准备。各地共产党早期组织的成立，直接推动了青年团组织的筹建。

1. 上海社会主义青年团和"临时团中央"的建立

在1921年7月，中国共产党正式建立前，各地先进青年在建立共产党早期组织的过程中，先后建立了社会主义青年团。

上海共产党早期组织首先建团。1920年7、8月间，陈独秀在上海建立了中国共产党的发起组——上海共产党早期组织。除了指导各地建党外，着手建立青年团。陈独秀派最年轻的成员俞秀松出面，同袁振英(字震瀛，广东人)、叶天底、金家凤等8位青年一起，于1920年8月22日建立了上海社

上海团中央机关旧址

会主义青年团。俞秀松担任书记。

团的机关设在新渔阳里6号(今淮海中路铭德里北6号)，团章规定："正式团的机关未组成时，以上海团的机关代理中央职权"。

这时湖南、湖北、安徽、四川等地，有不少进步青年，怀着爱国热情，外出寻求救国之道，他们到上海找新青年杂志社的陈独秀和《民国日报》副刊《觉悟》的主编邵力子，谋求发展。

上海团组织便从中发展了最早的一批团员：罗觉(罗亦农)、任弼时、萧劲光、李中、李启汉、彭述之、柯庆施等。1921年初，团员发展到200余人，少共国际东方部书记谷林，称赞上海社会主义青年团是"中国青年团中最好的一个"。

为了培养革命骨干，选派青年赴苏俄学习。1920年9月，上海共产党早期组织和上海社会主义青年团创办了外国语学社，以公开办学的形式，掩护革命活动。社址就在团的机关新渔阳里6号。外国语学社由杨明斋担任校长，俞秀松任秘书，维经斯基的夫人任俄语教员。1921年春，这个学社有20多名青年团员分3批去莫斯科东方大学学习，其中有刘少奇、罗觉、任弼时、萧劲光、何今亮(汪寿华)、彭述之、卜士畸、柯庆施等。

俞秀松

　　上海青年团建立后，便向各地共产主义者寄发团章。联络各地发展组织，建立青年团，各地在建立团组织过程中，同上海团组织保持着密切的联系。

2. 各地社会主义青年团的建立

　　在北京，1920年10月，北京共产党早期组织成立后，在李大钊的直接指导下，也积极进行了筹建社会主义青年团的工作。11月，北京社会主义青年团正式成立。它的第一次会议在北京大学学生会办公室举行。到会团员约40人，其中主要有邓中夏、张国焘、高尚德(高君宇)、罗章龙、刘仁静、何孟雄、郑振铎等。会议公推高尚德为书记。北京共产党早期组织的成员几乎全部成为青年团员，有的还担任青年团的领导职务。同时，北京党团组织还帮助天津、唐山、济南等地建立党团组织，对中国革命起了很大的作用。

在长沙，1920年10月，毛泽东接到上海、北京寄来的社会主义青年团章程后，在长沙开始了建团工作，1920年底青年团正式成立，发展进步的青年学生和青年工人入团，如：彭璜、肖铮、陈子博、彭平之、唐鉴，毛泽东担任青年团的书记。毛泽东在建团过程中，非常重视团员的政治品质，强调此时青年团宜注意"找真同志"。

在武汉，1920年秋，由董必武、陈潭秋等建立了武汉共产党早期组织后，也着手建立社会主义青年团。11月7日，武昌社会主义青年团召开第一次组织会议，李书渠报告了成立团组织的宗旨，通过了武昌社会主义青年团简章。当时武汉共产党早期组织对青年团员的马克思主义教育抓得很紧，陈潭秋就经常给团员和青年学生作报告，讲述马克思、列宁的生平和学说，介绍俄国十月革命的经验。

3. 广州社会主义青年团的建立

1920年夏，谭平山、陈公博、谭植棠等人从北京大学毕业回到广州，接到老师陈独秀的函约，即开始着手进行建团工作。谭平山等人在北大就读的是"五四时期的总司令"陈独秀为学长的文科，当年秋，广州已在俄国同志斯托扬诺维奇、别斯林帮助下建立了一个以无政府主义者为主的"广东共产党"组织。谭平山、陈公博、谭植棠"由于观点不一致"，"拒绝加入这个小组"，其实是感觉到无政府主义过分提倡个体之间的自助关系，不适用当时已经被嘲笑为"一盘散沙"的中国，一定要坚持正统的马克思主义，于是，谭平山等人"另起炉灶"，于1920年8月开始筹备组织广州社会主义青年团。

谭平山

有了初步的团组织，谭平山、陈公博等人着手筹办《广东群报》，并于1920年10月20日正式出版发行。他们以《广东群报》作为团结青年群众的机关，通过老乡、同学、同事关系，很快结识了一批五四运动中涌现出来的热心于社会主义的先进青年，如谭天度、杨匏安、冯菊坡、阮啸仙、刘尔崧、周其鉴、张善铭、梁复燃、郭植生、王寒烬等，他们把这些先进青年作为建团对象，很快就发展了十几名团员。到11月下旬，将区声白、赵司侬等无政府主义者领导的互助团与青年团合并，团员增加到数十人，遂在高等师范学校召开了广州社会主义青年团的成立大会。

大会通过的广州社会主义青年团章程规定：广州社会主义青年团的宗旨是"研究社会主义，并采用直接行动的方法，以达改造社会的目的"。这样就确定了青年团社会主义的性质和宗旨。大会选举谭平山等人为广州社会主义青年团的首任领导人。在广州永汉北路19号二楼设通讯处,成立干事局,设立图书馆,组织团员从事理论研究和从事改造社会的实践活动。

(二)信奉马列统一思想,整顿组织推动青运大潮

早期的社会主义青年团是带有社会主义倾向的团体,但那时团内成分是很复杂的。他们有信仰马克思主义的,也有信仰无政府主义的,还有信仰基尔特社会主义和工团主义的。各人信仰不同,加上经费、人事变动等原因,1921年上海、广州、武汉等地的青年团,都曾暂时停止过活动。只有到中国共产党正式建立,派张太雷从俄国"取经"回来,加强团的领导,团的组织才又恢复和活跃起来。

1. 张太雷——中共党团派赴共产国际的第一位使者

1920年,中国各地共产主义者开始创建中国共产党的活动。党要领导革命必须依靠和培养青年。但是,如何培养,怎样把青年集中于党团的旗帜下凝聚力量,是一个艰巨的任务。处于创建阶段的中国社会主义青年团,需要与列宁创立的共产国际及其领导下的青年共产国际的直接联系,以获得

指导与援助。

张太雷，北京共产党早期组织的
成员，由于在党、团创建工作中表现
出高度的共产主义觉悟和出色的政治
才能，因而成为中国共产党和社会主
义青年团派往共产国际和青年共产国
际的第一位使者。

张太雷

1921年初，张太雷奉中国共产党早期组织之命，赴苏俄
伊尔库茨克，参加共产国际远东书记处中国科的筹建工作，
并任中国科书记。

张太雷在共产国际远东书记处的活动和工作是多方面
的，建立中国青年运动与国际共产主义青年运动的联系，吸
取苏俄的工作经验，争取青年共产国际对中国青年运动的关
心与支持。青年共产国际，亦称少共国际，是根据列宁的倡
议，1919年11月在柏林成立的青年国际组织，是共产国际的
一个支部。

1921年6月，张太雷作为中国共产党最早的正式代表出
席共产国际第三次代表大会，同与会代表讨论通过了《共产
国际与共产主义青年运动提纲》，这个文献明确指出，青年
团在政治上必须服从共产党的领导，团组织的任务是"集中

领导共产主义青年运动"，"在没有共产主义青年组织的地方建立新的组织"。这个决议对于创建时期的中国青年团具有重要的指导意义。张太雷在大会上呼吁共产国际对远东，尤其是中国革命以更多的关注和支持。

青年共产国际于1921年7月9日至23日在莫斯科举行第二次代表大会。作为最早出席青年共产国际代表大会的中国社会主义青年团的代表张太雷、俞秀松出席了大会，并向大会作了报告。张太雷被大会选为青年共产国际执行委员会委员。1921年8月张太雷回国，受青年共产国际之命组织中国支部。

2. 党领导下的青年团的整顿重建

1921年7月，中国共产党正式成立后，使中国革命和青年运动迈进了一个崭新的阶段。中共一大研究了在各地建立和发展社会主义青年团作为党的预备学校问题，决定了吸收优秀团员入党的办法。一大后中央和各地党组织，派了大批党员去恢复和加强团的工作。

1921年8月，张太雷从苏联回到上海。根据青年共产国际对中国建团的指示，按照中共中央局的指示，张太雷主持开展了青年团的整顿、恢复和发展工作。他领导制定了青年团的临时章程，建立了青年团的临时中央局，推动全国各地团组织的重建。

1921年11月，中共中央局发出通告，要求各地党组织切实注意青年运动，对青年团组织要"依新章从速进行"整顿。在恢复和发展青年团组织的工作中，吸取了1920年建团的教训，注重青年团的思想建设，确定社会主义青年团为信奉马克思主义的团体。在重新制定的青年团的临时章程中，明确规定社会主义青年团"以研究马克思主义、实行社会改造及拥护青年权利为宗旨"。同时，为了加强领导，临时章程还规定："正式中央机关未组成时，以上海机关代理中央职权。"

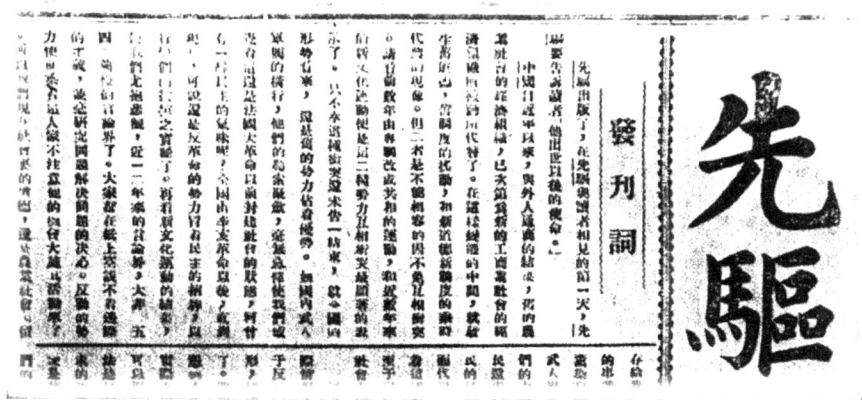

青年团机关报《先驱》

1922年1月15日，中国社会主义青年团机关报《先驱》创刊。创刊号至第三期由北京团组织主办，邓中夏、刘仁静主编。《先驱》从第四期起迁往上海，改由团的临时中央局主办，施存统任主编，蔡和森、高尚德等也参加过编辑工作（中国社会主义青年团第一次全国代表大会以后，从第八期起转归团中央执行委员会出版，一直到1923年8月15日停刊，共出版25期）。

《先驱》努力传播马克思列宁主义理论，在创刊号上最早译述了列宁向共产国际第二次代表大会提出的《民族和殖民地问题提纲初稿》，宣传了"全世界无产阶级和被压迫民族联合起来"的思想。《先驱》同基尔特社会主义展开了激烈的论战。总之，《先驱》出版，对扩大社会主义青年团的影响，加强对团员进行马克思主义的教育，统一全团的思想，起了积极的作用。

由于党的重视和帮助，由于信仰一致、思想统一，所以，团组织得到了迅速恢复和发展。到1922年5月，召开团一大时，全国已经建立团组织的地方有17处：上海、北京、武昌、长沙、广州、南京、天津、保定、唐山、塘沽、安庆、杭州、潮州、梧州、佛山、新会、肇庆等。此外，太原也成立了社会主义青年团组织。分布在江苏、河北、湖南、湖北、广东、安徽、浙江、广西等地，团员达5000多人。

（三）南粤青运是先锋，"一封信"请来团一大

广东开风气之先，五四运动以后，青年社团、新思潮、新刊物集中涌现，青年人热衷谈论各种"主义"。广东社会主义青年团在中国共产党、团临时中央局和共产国际的指导和帮助下，吸取了最初建团的经验教训，确定马克思主义为指导思想，积极开展宣传活动、工人运动，发展成为一个政治上先进、组织上较完整的青年革命团体。

1. 自由的社会环境推动广东青运发展

1920年10月，孙中山挥师驱逐桂系军阀，收复广州，随即重建军政府，刷新吏治，广州政府宣布废除治安警察条例，实行较为开明、民主的政策，人民有一定的言论出版自由。孙中山等国民党人对社会主义思想表示认同，担任粤军总司令的陈炯明表面上和孙中山合作，也宣称仰慕新文化、主张社会主义。广东出现了政治新气氛。

当时，广东的马克思主义传播、工人运动等，在一定程度上得到了孙中山等国民党人的支持、宽容和同情。《广东群报》《劳动与妇女》《新青年》《青年周刊》等报刊，可公开传播马克思主义。

1922年1月，广东党团组织领导了万人集会游行，纪念第二国际左派领袖李卜克内西和卢森堡遇害3周年，国民党员谢英伯担任大会主席，中共广东支部负责人谭平山、陈公博、谭植棠及林伯渠等在会上发表演说，宣传阶级斗争和无产阶级专政的观点。此举受到党中央领导的赞扬。同时，广东的工人运动也迅速发展，且得到孙中山的支持。孙中山表示："凡关于改良劳工情形之运动，余皆赞同之。"

国共两党都曾到广州、佛山等地的工人中去，组织工会。1921年初，香港海员筹建全港海员工会，孙中山欣然为之命名"中华海员工业联合会"，广州军政府予以登记注册。仅从1921年至1922年春，广州就有80多个行业成立了工会。1922年1月，中华海员工业联合会发动香港海员大罢工，国民党广州政府和中共广东支部及各界群众都予以大力支持。当时的局势十分有利于中共在广东开展青年运动。

2. 广东社会主义青年团思想建团显成效

中共广东早期组织的主要负责人谭平山，于1920年12月开始广东社会主义青年团的组建工作，经过谭平山、陈公博、谭植棠、梁复然、王寒烬、阮啸仙、杨匏安、刘尔崧、张善铭、周其鉴等一批老团员分头联络，积极准备，建团工作进展迅速，革命青年纷纷要求入团。从1921年冬到1922年

3月，在广州的团员就发展到400余人。与广州建团工作蓬勃发展的同时，肇庆、佛山、梧州、南宁、汕头、琼州等地在广东党组织的领导下也开展了建团工作。

1922年1月，广东社会主义青年团正在组建，刚组织起来的数十名团员马上投入了支援香港海员大罢工的斗争中去，散发传单、宣传演讲，接待返穗工人，表现了极大的政治热情，连陈独秀当时给共产国际的报告也提到此事。"香港海员罢工时，全部党员及青年团团员参加招待及演讲，以共产党名义散发传单3000份。"2月，青年团又开展了反对帝国主义文化侵略的非基督教运动。在这些斗争中发展了组织。

1922年春，广东社会主义青年团改组。为统一团员思想，杨匏安为团的机关刊——《青年周刊》写了创刊《宣言》，公开声明："我们最服膺马克思主义！它的革命的无产阶级学说，是指示我们实现社会主义的实际道路。"为思想建团奠定了基础。

1922年3月，"广东社会主义青年团成立暨马克思纪念大会"在广州东园召开，赴会者共有3000多人，谭平山在会上代表广东社会主义青年团致答词，宣称"本团的组织，纯以马克思主义做中心思想，因为我们确信马克思主义有改造社会的能力"。明确规定每个团员要"担负研究、评议、执行三种责任"。通过的《广东社会主义青年团修正章程》规定："本团以研究马克思主义、实行社会改造为宗旨"。

广东社会主义青年团是在中国共产党、青年团临时中央局和共产国际的指导和帮助下建立起来的，并在短时间内取得了一定的成绩。1922年5月20日，共产国际远东局在华工作全权代表利金，对广州革命运动的状况给予乐观的评价："在广州，青年团已发展为一个很大的合法组织，约有团员800名。"据统计，从1921年11月到1922年5月，全国有17个城市建立了地方青年团组织，团员总数达5000多人，显然，广东青年团组织的发展走在了全国的前列。

3. 谭平山"一封信"请来团一大

1922年2月22日，张太雷以中国社会主义青年团代理书记的名义，发布了4月在上海召开中国社会主义青年团第一次全国代表大会的通知，大会将"议决正式章程，组织正式中央机关"，并通知各地团组织参加，还邀请少共国际代表前来出席。

但上海和中国的大部分地区处于封建军阀和帝国主义的控制之下，中共党团组织的发展受到严重制约，中共一大召开的时候，中途就面临风险，及时转移到嘉兴红船上才开完会议。3月，广东社会主义青年团负责人谭平山在致临时团中央局的信中，建议："大会地点，如能改在广州更好，因为比较自由。"

谭平山致临时团中央局的信

鉴于陈独秀亲自参与了广东早期组织的成立，对广东的青年运动十分了解，也给予了很大支持。1921年12月，共产国际的代表马林和张太雷去广西桂林访问孙中山，在广州逗留了十几天，在广州、海丰、汕头等地直接参加青年集会，向青年群众作了关于十月革命和共产党组织的报告，动员和激励青年们组织起来，参加革命，广东青年反应热烈。张太雷和共产国际印象深刻。

更重要的是，1920年10月，孙中山重掌南粤政权，孙中山思想包容，马克思主义和各种新思想可以公开宣传，同时，国共两党合作开展了一系列反帝反封建斗争和工人运动，成效显著。环境自由，为团一大的召开提供了重要条件。

中共中央接受了广东社会主义青年团的建议，决定将团一大会议地点由上海迁到广州，和第一次劳动大会一起延期至5月5日举行，并由陈独秀代表中央到广州指导这两个大会。

（四）青年荟萃聚东园，见证中国社会主义青年团诞生

1922年5月5日，东园"到处都可以感到节日气氛，喜气洋洋。男人们穿着洁净的、刚刚熨平的长衫；妇女们，主要是大学生，穿着短裙；工人们穿上了新的蓝布裤褂。总共约有五百人"。一个全国性的、思想统一、组织统一的青年革命团体——中国社会主义青年团在广州诞生了！

1. 中共党团积极筹备团一大会议

1922年4月，中共中央、团临时中央局决定由张太雷、达林、蔡和森三人组成的委员会拟订中国社会主义青年团的纲领和章程草案。"在上海的一个公园里，我和筹备召集社会主义青年团全国代表大会的组织处成员进行了会晤。我们

讨论了组织代表大会的主要问题并商定同去广州。其中我代表青年共产国际，张太雷代表筹备代表大会的组织处……"青年共产国际的代表达林曾经这样回忆道。

1922年4月底，陈独秀、张国焘、张太雷、邓中夏等党的主要负责人20多人，云集广州，首先召开了广州干部会议，会议主要讨论了第一次全国劳动大会和"团一大"的指导方针以及共产党对国民党的态度问题。会议的精神在"团一大"通过的《中国社会主义青年团纲领》中得到体现。

1922年5月1日下午4时半至7时半，各地代表大都抵达广州，举行了第一次筹备会议。会议有15人出席，选举俞秀松、施存统、张太雷、邓中夏、蔡和森、陈公博、张继武等7人为总务委员会委员，并仿照国际会议的标准，设立办事处，并下设总务委员会、组织委员会和审查委员会。

5月2日下午，总务委员会召开第一次会议，主要内容是工作分工，确定委员会分成三股。第一股中，蔡和森为团纲起草员，张太雷为章程起草员，邓中夏为提案征集员；第二股中，施存统为文牍员，俞秀松为记录员，陈公博为新闻员；第三股中，张继武为杂物员。会议还决定由俞秀松出任筹备机构总务委员会主任，东南旅店览胜所作为此委员会办事处。

5月3日，总务委员会继续召开第二次会议，以此来商议2天后举行的团一大会议的各项议程。

2. 团一大在广州东园隆重举行

1922年5月5日是马克思诞生104周年纪念日。这天下午1时，中国社会主义青年团第一次全国代表大会在广州东园隆重开幕。

出席会议的来自全国各地的25名代表，主要有：张国焘、张太雷、施存统、俞秀松、蔡和森、邓中夏、金家凤、易礼容、谭平山、陈公博、谭植棠、梁复燃等，代表着15个地方团的5000多名团员。少共国际、朝鲜青年团的代表也应邀参加了大会。中共中央局书记陈独秀也亲赴广州，出席会议。

团一大会址——东园

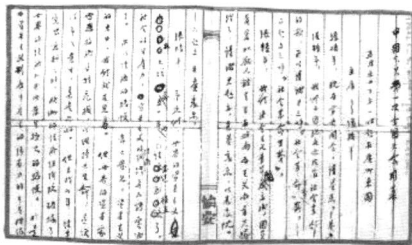

张太雷致辞

由于开幕式与马克思纪念会和欢迎全国劳动大会代表同时举行，所以参加大会的还包括全国劳动大会代表和来宾，共1500余人，人山人海，场面极为壮观。

大会首先由张太雷（张椿年）致开幕词，宣布中国社会主义青年团正式成立，宣告"社会主义青年团……为世界无产阶级革命之先锋队"，继由来宾、劳动大会代表及团员代表16人演讲。中共中央局书记陈独秀作了《马克思主义的两个精神》的重要讲话，讲到"第一，马克思实际研究的精神"，动员广大青年研究"现社会的政治及经济状况，不要单单研究马克思的学理"；"第二，马克思实际活动的精神"，号召青年们研究马克思主义学说，"还须将其学说实际去活动，干社会的革命"。陈独秀进一步强调了马克思主义与实际结合的思想，可谓是中国青年运动发展的指路明灯。

少共国际代表达林作了《国际帝国主义及中国社会主义

团一大会场

青年团》的讲话，朝鲜青年团代表太洪也讲了话。大会气氛甚为热烈。

6日至10日团代会继续进行，主要解决团本身的问题。连日听取了方国昌（施存统）关于临时团中央局和上海青年团的工作报告，谭平山、邓中夏（邓仲澥）、莫耀明、易礼容等关于广东、北京、南京、湖南等地方青年团组织的情况介绍交流，并讨论通过了《中国社会主义青年团纲领》《中国社会主义青年团章程》《青年工人农人生活状况改良的议决案》《关于政治宣传运动的议决案》《关于教育运动的议决案》《中国社会主义青年团与中国各团体的关系之议决案》和《中国社会主义青年团与国际青年团之关系的议决案》等议决案。

在团的纲领和章程中，对中国社会主义青年团的性质、任务、奋斗目标，以及团组织的一些根本问题作了明确的规定，为中国青年运动和团的建设指明了方向。

团纲规定：中国社会主义青年团是"中国青年无产阶级的组织，即为完全解放无产阶级而奋斗的组织"；它的目标是为在中国建立"一切生产工具收归公有，和禁止不劳而食的初期共产主义社会"。

团纲接受了中共的政治纲领和口号，在中国近代革命史上第一次提出"铲除武人政治和国际帝国主义的压迫",即反帝反封建的革命任务。

团章对团的组织机构、组织形式和组织纪律等问题也作了具体规定:"全国代表大会为本团最高机关";"在全国代表大会闭幕期间,中央执委会为最

施存统(方国昌)

高机关";青年团实行"个人服从组织,少数服从多数,下级服从上级,全团服从中央"的民主集中制原则。团一大还一致议决,中国社会主义青年团加入少共国际,成为它的一个支部。

在大会最后一天(5月10日)晚上,以无记名投票和过半数当选的原则,选出中国社会主义青年团第一届中央执行委员会,高尚德(高君宇)、施存统(方国昌)、张太雷(张椿年)、蔡和森、俞秀松为执行委员,施存统被推选为书记。中国社会主义青年团正式宣告诞生。

11日,新生的中国社会主义青年团中央执行委员会在广州召开第一次会议,俞秀松、蔡和森、张太雷、施存统到会。会议讨论决定把团中央机关设在上海,施存统担任书记,蔡和森担任团机关报《先驱》的编辑。

（五）中国青运里程碑，团结奋进开新篇

团一大是中国青年运动的里程碑，至此，中国社会主义青年团实现了思想上、组织上的完全统一，青年团成为具有明确纲领和奋斗目标的全国性青年组织，吸引着无数先进青年加入这一组织。中国共产党领导的青年团，在革命斗争中团结奋进，谱写着革命的新篇章。

1. "旅欧中国少年共产党"成立

旅欧先进青年赵世炎、周恩来、李维汉等这时酝酿筹建青年团组织。1922年6月下旬，赵世炎主持，在法国巴黎郊区布伦森林中的一个小广场上开会，会议开了3天，18名代表参会，经过讨论，决议名称为"旅欧中国少年共产党"。选举了中央执行委员会，赵世炎任书记，周恩来任宣传委员，李维汉任组织委员。组织成员有38人。

"旅欧中国少年共产党"成立不久，得知国内已经建立了中国共产党和中国社会主义青年团，于是便在10月召开大会，经全体总投票，决定加入中国社会主义青年团。11月2日，写信给团中央表示："我们愿附属于国内青年团，为其旅欧支部。"此信由李维汉携带回国。1923年1月29日，中央正式建议他们改名为"旅欧中国共产主义青年团"，同时

同意其加入中国社会主义青年团，
大家非常高兴。

　　周恩来在向团中央的报告中
豪迈地说："我们现在已正式为中
国社会主义青年团的旅欧成员了，
我们已立在共产主义的统一旗帜之
下，我们是何其荣幸？"

周恩来

　　旅欧中国少年共产党建立以后，于1922年8月出版了
《少年》月刊，到1923年底共出版13期。1924年2月《少
年》改成《赤光》半月刊，这个刊物在加强团员的马列主义
教育、宣传党的方针政策、批判错误思潮方面起了重要的
作用。

　　旅欧的党团组织，在赵世炎、周恩来、陈延年、李富
春、聂荣臻、邓小平、傅钟等同志领导下，不断发展壮大，
开始只有30多人，1923年增到72人，1924年发展到200多
人。许多人回国后成为党团组织的重要骨干，在广东大革命
的舞台上发挥重要作用。

2. 团三大正式改称共青团

　　1923年6月，中共三大确定了国共合作的方针，青年团
马上于8月20日至25日在南京召开了中国社会主义青年团第

二次全国代表大会。大会明确宣布，坚决拥护中共三大确定的建立统一战线方针，青年团要努力协助中国共产党做好推进国民革命运动的工作。

大会闭幕后，青年团在党的领导下积极带领团员和青年参加帮助国民党的改组工作，选派团员和青年共产党员到黄埔军校和农民运动讲习所学习。1924年5月，黄埔军校第一期开学，在500余名学员中有1/10的学员是青年团员或青年共产党员。曾经是旅欧青年团书记，年仅27岁的周恩来在黄埔军校担任政治部主任。由彭湃和毛泽东主持的广州农民运动讲习所的学员全是18至28岁的青年，其中许多人是青年团员或共产党员。

统一战线方针的贯彻施行，使二七罢工后处于低落状态的群众革命运动迅速走向高涨，青年团中央根据革命斗争的需要，于1923年10月创办了机关刊物《中国青年》周刊。

《中国青年》周刊

中国青年运动的先驱恽代英在当时是该刊编辑部的主要主持者和撰稿人。《中国青年》周刊在大革命时期成为党团组织扩大马克思主义宣传和向各种反对思潮展开斗争的主要阵地，并且因此深受广大革命青年的喜爱，被誉之为良师益友。

大革命的浪潮汹涌澎湃，革命形势迅速发展，时代又赋予了青年团新的庄严使命。为了不辜负时代的重托，中国社会主义青年团于1925年1月26日至30日在上海召开第

张太雷

三次全国代表大会。依照新的团章选举团中央委员会，决定由张太雷担任总书记。青年团正式更名为"中国共产主义青年团"。强调"共产主义是帝国主义、军阀以及一切反革命派所最恐怖的名词，我们正应当很勇敢的揭示我们共产主义者真面目，让他们在我们的面前发抖。"

共青团三大闭幕不久，以五卅运动为发端的大革命高潮迅速形成，一场中国人民同帝国主义及封建军阀的大搏斗拉开了序幕。青年们成为推动革命高潮到来的强大力量！

3. 广东青年团重整待发

遵照团一大决议和团中央通告精神，广东社会主义青年团开始进行整顿和改组。此时，陈炯明于1922年6月16日凌晨在广州发动背叛孙中山的政变，党团组织被迫转入秘密状

阮啸仙

态。张太雷离开广州回上海。

1923年初，孙中山策动的滇、桂军联合进攻广东，陈炯明败走东江，孙中山回广州组织大元帅府。这也是孙中山第三次在广州建立政权。

阮啸仙、刘尔崧等团组织干部也相继回到广州，这时候的广东团组织受陈炯明事件影响，"一年内损失去2000余团员，而且几乎全是工人"。形势非常严峻，阮啸仙受团中央的委托，开始着手重新整顿广东青年团组织。

在重新登记团员、成立小组的基础上，1923年5月13日，成立了广州团地委，选举阮啸仙、施卜、刘尔崧、杨章甫、郭瘦真5人为委员，选举周其鉴、杨匏安、罗绮园3人为候补委员，并推选阮啸仙为书记。随后，经中央同意，由阮啸仙代行粤区书记职权，领导全省团组织的工作。阮啸仙肩负重任，为团组织工作上的"根本改造和训练"，日夜操劳，呕心沥血，重新开创了广东青年运动的新局面。在迎接革命中心南移的脚步声中，广东青年运动又焕发出新的光彩。

六　广东党团组织与早期革命活动的开拓

广东党团组织成立后，在中共中央的领导下，以战斗的姿态，积极投入到革命斗争的实践中，勇于开拓，推动了工人运动、农民运动、青年学生运动和非基督教运动的开展，使广东的各项革命活动走在了全国前列。中国共产党正式从广东革命环境、斗争成效中，看到了广东人民的力量，一场影响中国革命走向的"国共合作"事宜，从这里酝酿。

中国革命的中心开始向南粤移动，中国大革命的序幕在南粤悄然拉开。

（一）香港海员大罢工，推动工运掀高潮

1922年3月6日，香港各界群众10万人聚集在中华海员工业联合总会外，欢庆海员大罢工取得胜利。

1921年8月，中国共产党成立了"中国劳动组合书记部"，大力开展工人运动，党在全国工人中和整个社会上的影响日益扩大，促成了中国第一次工人运动高潮的兴起。

香港海员和市民欢庆罢工胜利

1. 香港海员大联合，团结组建"海员工会"

海员工人与国内其他产业工人一样，从其产生之日起，就受着帝国主义和封建主义的重重残酷压迫剥削。海员工人劳动条件异常恶劣，劳动时间特别长。而中国海员工人的工资只有外国海员工资的五分之一。海员工人出身的苏兆征曾说："我们工人丝毫无能力积蓄。所以家庭供给时不能济，因而卖妻鬻子者，往往有之。"在帝国主义和外国船主资本家的残酷压迫下，中国海员工人饱受资本家、包工头的重重盘剥欺压。他们踯躅街头，生计无着，饥寒交迫，悲惨异常。

随着海员队伍的壮大，其斗争也不断发展。海员工人积极分子苏兆征、林伟民等人积极开展筹备海员工会的工作。

在孙中山的赞助下，1921年3月，中华海员工业联合总会于香港正式成立。这是中国海员工人第一个真正的工会组织，标志着香港海员工人的阶级觉悟空前提高和组织性的进一步加强。从此，香港海员有了工会组织的依靠，反抗压迫剥削的斗争就更有力量。

2. 海员罢工掀怒涛，中共"竭其能力，以为后援"

1921年9月至1922年1月，苏兆征、林伟民等工会骨干领导多次要求增加海员工人待遇，扩大工会权力。但港英当局置之不理，轮船资本家们置若罔闻，反而给外籍海员增加50%的工资。这将中国工人的愤怒推向了高峰。1922年1月12日下午5时许，终于爆发了一场大规模的香港海员大罢工。仅一周时间，参加罢工的轮船便增加到了125艘，人数达到6500人。罢工浪潮迅速波及整个东亚，上海、广东等港

苏兆征

林伟民

香港海员罢工广州总办事处
全体人员的合影

口海员纷纷效仿，
新加坡、泰国等国
工人也加入了这场
伟大的工人运动。

香港海员罢
工的怒潮还卷起了
其他行业工人的波
涛，工人们都被发

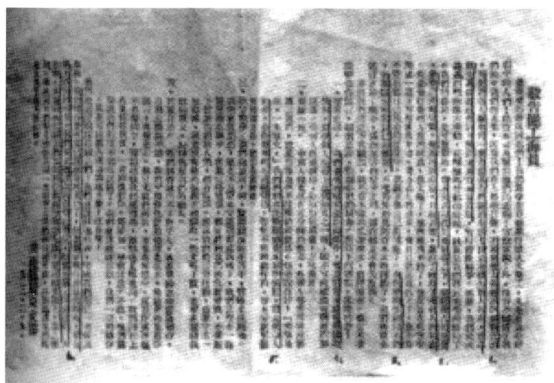

中共广东支部发出的《敬告罢工海员》

动了起来。1月27日，全港罢工人数增至3万人以上。

在罢工开始后，中国共产党对香港海员极度关注和支
持，号召全国工人支援香港海员大罢工，得到了上海、湖北
等地及京奉、京汉等铁路工人各种形式的支持。京汉铁路的
火车头上都扬起了"援助香港海员"的大旗，向世界宣告工
人运动必然胜利，宣告中华民族不可欺。2月9日，中国共产
党广东支部发出《敬告罢工海员》，鼓励工人坚持到底、团
结一致，"本党以海员同志为开始阶级斗争的急先锋，定当
竭其能力，以为后援"。在中国共产党的支持下，香港海员
斗志昂扬，誓死捍卫中华民族的尊严。

3. 万众一心斗争到底，达致罢工最后胜利

3月4日清晨，几千名罢工工人在步行回广州途经沙田

时，遭到英国军警的屠杀，当场打死6人，打伤数百人。这就是震惊中外的沙田惨案。

事后，香港总同盟罢工继续扩大。香港的商业全行停顿，各项事业几近瘫痪。港英当局山穷水尽，不得不就九项条件再次谈判。经过双方的激烈较量，终于在3月5日达成了协议：一是增加海员工资；二是按新定价格的一半支付罢工期间员工薪酬费用以及船方无特殊理由必须用回罢工海员；三是各船东应配合支付工资；四是恢复了被非法取缔的"中华海员工业联合总会"，释放被捕人员，抚恤沙田惨案死者。

3月6日的香港万人空巷，锣鼓喧天，鞭炮齐鸣。成千上万的香港居民相聚在海员工会门口庆祝这场伟大的胜利。3月8日，广州各阶层人民群众十万余人隆重举行欢送罢工工人大会，会后还举行示威大游行。人们高举写有"欢送海员复职""劳工神圣""工人胜利万岁""工会万岁"等字样的各种旗帜。

香港海员大罢工，从1922年1月12日起至3月8日止，历时56天，这次罢工是近百年来中国人民对英帝国主义进行斗争的第一次大规模胜利，又是中国共产党成立后工人第一次罢工高潮的开端，在中国工人运动史上具有重大意义。

后来苏兆征自己总结："它是中国海员最奋斗的时期，

也是世界海员历史上最光荣的一页。凡中国海员回忆这次罢工，无不激起当时的奋斗精神。"

（二）第一次全国劳动大会，亮相广州开先河

位于广州市海珠区滨江西路230号，矗立着一座西式混凝土结构的楼房。它坐南朝北，正对珠江，顶楼正中央有一颗巨大的五角星，前身是广东机器工会大楼，于1920年建成，是广州机器工人和粤籍旅居东南亚的机器工人捐资兴建的。1922年5月1日，在纪念国际劳动节之际，全国劳动组合书记部在这里举行了第一次全国劳动大会，通过了一系列的影响深远的决议。从此，中国工人运动翻开了新篇章。

第一次全国劳动大会旧址

1. 全国工运一致行动迎高潮

中国共产党成立后，为推动各工会团体的联合与团结，

谋求全国工人运动的统一，进行了不懈努力。1921年8月11日，中国共产党于上海成立了领导工人运动的总机关——中国劳动组合书记部，积极开展工人运动。中国劳动组合书记部成立后编辑出版的机关刊物《劳动周刊》对工人进行了大量阶级团结的宣传教育工作。中国共产党从工人阶级的整体利益出发，主动援助香港海员大罢工。这在香港海员、上海海员乃至全国工人中产生了广泛的影响，推动了全国工人阶级和工会组织的联合，促进了广东乃至全国工人罢工高潮的到来。

中国共产党上述一系列努力，促使工人运动出现了要求团结统一的趋势。许多工会团体"都觉得有全国联络之必要"，"全国工人们非一致行动不可"。

2. 第一次全国劳动大会在广州召开

为进一步"联络全国工界之感情"，为了加强对日益高涨的工人运动的领导，1922年4月10日，中国共产党以劳动组合书记部的名义发出了在广州召开第一次全国劳动大会的通告。为什么把地点选在广东呢？因为广州有地理上的优势，毗邻香港，有香港海员大罢工的影响以及广东人民的支持。广州有工人组织和工人运动的基础，还有较好的政治法律环境。会议通告提出，召开此次大会的目的：（1）纪念五一劳动节；
（2）融合并联
络全国劳动界之
感情；（3）讨
论改良生活的问
题；（4）讨论
各代表提案。

第一次全国劳动大会会议代表合影

4月下旬开始，全国各地代表陆续抵达广州，共173人，他们代表10多个城市，100多个工会，34万余会员。大会从5月1日至6日共六天，由劳动组合书记部广东分部主任谭平山担任主席。

5月1日上午，广州市举行庆祝五一劳动节群众集会。会上，中共中央领导人陈独秀、张国焘分别作了题为《劳动节的由来与意义》《无产阶级革命之必要》的演说。5月2日，第一次全国劳动大会正式开幕。开幕式由共产党派出的代表主持，由一名共产党员代表担任会议主席的职务。5月3日，大会选举产生提案审查委员会，11名委员中，中共党员占了7人。大会还通过了由中国劳动组合书记部代表李启汉提议、大会秘书处起草的《第一次全国劳动大会宣言》。

3. "联合起来的新纪元"

第一次全国劳动大会的召开开创了全国工人联合起来的新纪元。受大会的影响，"中国的劳动运动更激成奔腾澎湃的怒潮，震撼一世"。

大会之后，工人阶级的组织程度显著提高，工会组织向着联合与统一的方向迅速发展。劳动组合书记部从组织地方总工会和产业总工会，提高工人阶级的组织程度入手，以期打好建立全国总工会的基础，实现全国工人运动的最后统一。各地工会组织之间的相互援助也明显加强。在罢工高潮中，劳动组合书记部"差不多天天有特派员派出，遑遑于火车轮船道中"，加强了各地工会组织的联系，指导着各地工会组织根据"一劳大"通过的《罢工援助案》，及时进行相互之间的援助，呈现出一处罢工、多方支援的斗争局面。工人阶级的斗争规模也日趋扩大，大规模的同盟罢工增多，并且已能在统一纲领下组织大规模的政治斗争。

对此，早期工运领袖邓中夏在《中国职工运动简史》一书中评价说，这次大会"给予全国工人的影响是极其巨大的，我们只看大会以后，中国罢工高潮便发展到最高度，就可证明"，大会做出的各项决议表明，"实际上中国劳动组合书记部已有指挥全国职工运动之权"。

（三）海陆丰起农潮，"农运大王"敢开拓

海陆丰农民运动正是彭湃发起的。在广东共产党、青年团成立初期，致力于开展工人运动、青年运动和学生运动的同时，共产主义者彭湃在他的故乡——海丰和陆丰，成功地发起了农民运动。毛泽东曾称赞彭湃为"农民运动大王"。

1. 建立"六人农会"，首开农民运动

广东海丰、陆丰（统称为"海陆丰"）两县，地处粤东海滨，早在1921年四五月间，彭湃就主张"中国是农民占多数，中国的革命要依靠农民。"当年7月，彭湃在海丰县城组织社会主义研究社和劳动者同情会，主张"促成教育和贫民接近"，

彭湃

公开向工农宣传社会主义。当年9月，社会主义研究社成员出版《新海丰》两月刊，宣传马克思主义，新的哲学思想和革命人生观开始在知识青年中传播。1922年5月，彭湃和杨嗣震、李春涛等在海丰县城成立社会主义青年团海丰地方组织，以"赤心小组"名义出版《赤心周刊》，继续宣传社会主义。随后，彭湃感到"自命是工农群众的代表，

可是背后绝无半个工农，街上的工人和农村的农民也绝不知我们做些什么把戏"。1922年7月29日，彭湃与张妈安、林沛、林焕、李老四、李思贤六人，成立了当时只有六位会员的农会（也就是日后人们常说的"六人农会"），这奠定了海陆丰农民运动的根基。

"六人农会"在彭湃的带领下，继续向农民进行宣传，同时帮助农民解决一些矛盾和纠纷，使农会的影响日益扩大，加入农会者越来越多，遂于同年10月25日，成立了赤山约农会。出席成立大会的会员达500多人。

2. 成立全国第一个县级农会

彭湃为了让农民相信自己是真心为农民谋利益，还将自己所有的田契当众烧毁，并对佃户说："以后自耕自食，不必再交租谷。"这一旷古未有的行动充分表现出他与封建剥削制度彻底决裂的意志，获得农民的进一步信赖。

彭湃还派人到海丰其他地方和陆丰，号召农民组织起来，为维护农民利益而斗争。各地农民闻风而起，区、乡农会相继成立。农运星火迅速蔓延。1922年底，海丰全县共有12个约，92个乡成立了农会，入会者2765户，约16590人。1923年元旦，各乡农会代表集会于县城，正式成立海丰县总农会，彭湃当选为会长。海丰县总农会成为全国第一个县级农会。

农会的发展引起地主豪绅的恐惧和仇恨。他们组织起粮业维持会与农会对抗，并向县公署施加压力，通过县公署拘捕农民。彭湃等农会干部闻讯，立即发动农民6000多人举行集会示威，提出强烈抗议，迫使县公署释放了被捕的农民。海陆丰各地农会还开展了一系列反迫害、反苛捐杂税、反敲诈勒索的斗争，有力地打击了地主的嚣张气焰。农会的势力很快又由海陆丰发展到归善（现惠阳）、紫金、普宁和惠来。

在国共合作以后，伴随着广州农民运动讲习所的创办，广东全省掀起了农运大潮，并走在全国前列。彭湃功不可没！毛泽东也从中认识到农民阶级的力量，并影响着他后来到农村去发动农民起来革命从而开辟了一条农村包围城市的革命道路。

（四）新学生社遍南粤，青年组织有力量

今天广州市越秀区越华路司后街，原是广东新学生社所在地。这是广东青年团顺应革命形势变化而成立的一个外围学生组织。从1923年6月到1926年6月，新学生社前后存在三年时间，此间广东地区党团组织的学生工作主要通过新学生

1923年6月广东新学生社主要领导人合影
（左一为阮啸仙）

社开展。该社的组织不仅遍布广东全省，而且广西、福建、云南、香港等周边邻地也有其分社。到大革命高潮到来时，社员总数达到3000多人，广东青年及时为党输送了大批得力干部，为大革命的发展做出宝贵贡献。1925年1月，中共四大上特别点名表扬了新学生社，并要求全国各地都要向该社学习。

1. 成立新学生社，带动学生运动

1923年五六月间，中共中央局书记陈独秀要求阮啸仙从工运中抽身出来，专门负责领导广东青年团工作。1923年6月17日，广东新学生社正式成立，阮啸仙兼任社长。同年7月，创办《新学生》半月刊作为广东社会主义青年团的宣传舆论阵地。广东新学生社最初只在广东甲工（广东省立第一甲种工业学校）、广东高师、省一中、省女子师范等10所学校中建立了支部或小组，共有社员110多人。

鉴于广东新学生社的实际力量，团广东区委指示广东新学生社先靠已有的成员，逐渐打开局面。先抓住关键人物，以学生来影响学生。再以一校为据点，逐渐向外活动，以学校来影响学校，将广东新学生社的影响范围不断扩大；从学校革新及学生自治运动入手，切实为学生本身利益而奋斗，并以此为切入点逐渐将学生团结在周围。

2. 青年社员勇当先，推动革命大发展

作为团的外围组织，广东新学生社自成立之日就明确提出了"对内打倒封建制度，对外打倒资本帝国主义"，"建立真正的民主国家"的政治主张；还提出了"谋学生利益"，"为学生本身利益而奋斗"的口号，广泛团结青年学生投入反帝反封建的斗争。

广东新学生社刚一成立，便立即投入到国民党的改组工作中，负责诸如登记党员、组织演讲队、起草宣传大纲，以及建立区党部、区分部等工作；再如，广东新学生社在"其他各团体十分放弃，广州学生会也不尽力"的情况下，毅然独立联络了"广东国民外交后援会"举行示威运动，支援孙中山收回"关余"的斗争等。通过这一系列的工作，广东新学生社的声名逐渐在学生中传播开来，越来越多的学生开始

认识广东新学生社。

经过一年多的发展，广东新学生社的影响渐渐覆盖广东的各县、镇和乡。为响应邻省各地请求组织分社的要求，广东新学生社于1924年11月23日召开大会，决议将"广东"两字删去，改称新学生社。自此，新学生社的活动遂扩散至邻省，甚至香港也成立了分社。

新学生社从成立到停止活动只有不到三年时间，但是南粤大地无数进步青年抛头颅、洒热血，为了追求共产主义理想而浴血奋斗的精神永存！这些进步青年具有强烈的责任意识和无畏的英雄气概，敢于担当，富有激情，不愧是中华民族的脊梁！新学生社既是中国共产党在广东青年学生中开展各项工作的载体，又是进步青年群体组成的团结互助、引领时代潮流的团体。

（五）非基督教运动响全国，南粤斗争声势猛

日本学者山本条太郎在《远东季刊》上曾撰文指出："中国发生过两次规模巨大的非基督教运动；一次是1900年的义和团运动，一次是1922年—1927年的非基督教运动"。然而，非基督教运动所达到的广度深度以及所产生的影响，远远超过了义和团运动。广东作为当时中国革命的中心，

非基督教运动开展得富有声势，成为全国运动的重要组成部分，影响极为深远。

1. 非基督教运动的源起

帝国主义列强在对中国进行经济、政治、军事侵略的同时，它们还拨出巨额款项，派出大批传教士，在中国成立教会，组织传教团体，大量出版发行宗教书刊，利用宗教为工具，影响中国人民的思想。据统计，到20世纪初，仅基督教在中国的传教团体就有168个，设有正式教会6000余所，吸收教徒40万余人，由教会出版在中国发行的宗教书籍达4400多种。

面对帝国主义这种公然对中国进行文化、思想渗透的行为，中国社会主义青年团首先举起反抗的旗帜。青年团的领导人施存统、蔡和森等在上海，李大钊、萧子升等在北京发动和领导了一场轰轰烈烈的反帝爱国的"非基督教运动"；广东社会主义青年团也站到了这场斗争的前列。

2. 广东青年团组织成为非基督教运动的先锋

广东社会主义青年团公开做非基督教运动的动员和组织工作。他们在素波巷19号团址内发行团临时中央局出版的《非基督教学生同盟号》，在自己的机关刊物《青年周刊》上出版《非基督教学生同盟》专号，向全省发行，在《广东群报》上开辟《非基督教同盟之应声》和《通电汇志》专栏，保持与全国各地互通信息，交流情况。他们还在广州各学校组织非基督教学生同盟，联络劳工和社会各界举行抗议示威游行，等等。

经过广东社会主义青年团的宣传发动，广州各大中专学校学生纷纷报名加入"非基督教学生同盟"。参加同盟的学生占了广州学生总人数的三分之二以上。1922年4月16日，"广东非基督教学生同盟"召开了成立大会，大会通过了同盟的章程并选举产生了同盟的委员35人。委员们分股进行工作，使广州市的反帝爱国的非基督教运动开展得很有气势。

广东非基督教运动声势大，持续时间长，波及范围广，意义重大。在运动中，一大批爱国人士在民族主义大旗下团结起来，对基督教展开猛烈攻击，矛头直指中华民族的共同敌人——帝国主义。运动所动员起来的力量有相当一部分投入到国民革命当中，增强了革命力量，有利于广东革命政权的建立和巩固。非基督教运动对广东基督教的影响是深远的。在回应非基督教运动的基础上，广东基督教界开始了自我反省和教会改革。

（六）国共合作早试点，策源中国大革命

由于广东早期共产党人同孙中山、国民党关系较为密切，加上在广东建立政权的孙中山领导的国民党，对广东各种革命活动一般采取支持的态度，对共产党的组织也未加干涉，对于中共党团早期组织的发展，马克思主义的宣传提供了很多便利条件，国共合作缘起广东！

1. 国共合作在广东早试点

共产国际代表认为广州有言论自由，政治环境较好。1921年12月下旬，马林在中共党员张太雷陪同之下，到广西桂林会见孙中山。马林向孙中山提出了改组国民党、创办军官学校和谋求国共两党合作等3点建议，得到孙中山的认同。此即中国革命史上意义深远的"孙马会谈"。翌年1月，马林又到广州与国民党领导人会谈，所得到的印象是"他们全都对苏俄抱支持态度"。

在广州期间，适值香港海员罢工，在广东党团组织支持罢工的情况下，马林看

马林

到国民党和南方政府支持罢工，认为国共两党也可以密切合作。

面对国际国内激烈动荡，瞬息万变的形势，在各种因素的促使之下，共产党开始了在思想理论上从进行社会主义革命向参加民主主义革命的转变，在政策上从排斥国民党向联合国民党转变。

2. 国共合作政策起源广东

1922年4月27日，为筹备中国社会主义青年团第一次全国代表大会，少共国际代表达林来到广州。达林在张太雷、瞿秋白的陪同下访问了孙中山，商谈国共合作的问题。孙中山赞成中共党员和社会主义青年团员加入国民党，与国民党合作。会谈之后，达林向陈独秀建议，在广州召开党的领导干部会议，讨论关于与孙中山国民党联合等问题。达林的建议被采纳。1922年4月底，中共中央召集到穗参加第一次全国劳动大会和青年团一大的党、团领导干部开会，参加会议的有陈独秀、张国焘、谭平山、张太雷、邓中夏、达林以及各地党团组织负责人共20多人。达林根据共产国际远东会议的精神作了报告，大会讨论并确定了党对即将召开的全国劳动大会和社会主义青年团代表大会的指导方针，认为同国民党合作是必要的。这次会议是党的创立时期在广州召开的一次重要干部会议，是中共党内酝酿国共合作的重要开端。

上述在广州召开的3个会议，分析、探讨了转向民主革命和联合国民党这两个党的理论上、实践上很有意义的问题，透露出思想和政治方面最新鲜的气息。会后，中共中央即于6月15日发表《中国共产党对于时局的主张》，指出解决时局问题的关键是用革命手段打倒帝国主义和封建军阀，建设民主政治；主张同国民党及其他革命团体建立民主主义的联合战线。然后又于7月16至23日在上海召开中共第二次全国代表大会，明确制定了反对帝国主义、封建主义的民主革命纲领，并通过了《关于民主的联合战线的决议案》，决定同国民党实行"党外联合"。

8月，中共西湖会议，着重讨论了中共与国民党联合的具体形式问题，会议原则上确定了同国民党的合作形式由"党外联合"转变为"党内合作"。为中共三大的顺利召开奠定了必要基础。

3. 中共三大正式决定国共合作建立革命的统一战线

1922年6月，陈炯明反对孙中山北伐，孙、陈关系行将破裂，陈手下叶举等率部炮轰总统府。这是孙中山南方革命中最艰难的时刻。

孙中山避居上海期间，得到共产国际和中国共产党人的热情帮助，获得了新的同盟者，遂决定改弦更张，改组国民党。

中共中央机关迁至广州春园

1923年1月，孙中山策动滇、桂军和粤军，一举收复广州。孙中山于3月2日成立陆海军大元帅大本营（或称大元帅府），第三次在广州建立政权。此时，谭平山回到广州，任中共广东区执行委员会书记，广东党团工作和各项革命活动得到回复。

1923年3月，陈独秀、马林来到广州，马林"每周与孙中山保持三四次联系"；陈独秀、马林向孙中山提出改组国民党计划，并提议把主要注意力放在宣传上，"孙中山采纳了这个计划"。4月10日，孙中山委派陈独秀、谭平山为大本营宣传委员会委员。中共党员杨殷、刘尔嵩、侯桂平等也参与了宣传委员会的工作。

鉴于广东形势的恢复和发展，中共中央采纳了共产国际代表马林的建议，于1923年4月将中共中央机关由上海迁至广州的春园，具体筹备中共三大事宜。继陈独秀、马林之后，李大钊、张国焘、瞿秋白、蔡和森、向警予、张太雷、毛泽东、邓中夏等陆续到达广州，党的早期重要领导人汇聚广州东山，一个影响中国革命走向的重要决策，即将在这里正式出台。

1923年6月12至20日，中国共产党第三次全国代表大会在广州东山召开，参加会议的代表30多名，代表着全国420名党员。会议的主要议题是讨论国共合作问题。会议正式决定：共产党员和共青团员以个人的身份加入国民党，与国民党建立革命的统一战线。

中共三大是中国共产党唯一一次在广州召开的全国代表大会。这次会议意义深远，在中国共产党的积极推动下，国共两党携手合作，为了共同开展反帝反封建革命，为了实现国家的统一和民族的复兴，在南粤大地掀起了一场轰轰烈烈的大革命。广东的党团组织，肩负着历史的责任，在中国革命的舞台上，绽放着耀眼的光芒。

中共三大遗址

主要参考文献

1. 中共广东省委党史研究室著：《中国共产党广东地方史》，广东人民出版社1999年版。

2. 胡绳著：《从鸦片战争到五四运动》，人民出版社1997年版。

3. 黄振位著：《中共广东党史概论》，广东高等教育出版社1994年版。

4. 广东省档案馆编：《广东区党、团研究史料（1921—1926）》，广东人民出版社1983年版。

5. 中共广州市委党史研究室编：《陈独秀在广州的创党活动》，广州出版社2009年版

6. 李坚编：《杨匏安史料与研究》，中共党史出版社1999年版。

7. 卢权、禤倩红编：《广东早期工人运动历史资料选编》，广东人民出版社2015年版。

8. 张江明、林木声主编：《广东青年运动史（1919—1949）》，广东高等教育出版社1994年版。

后　记

　　今年是中国共产党的百年华诞！历史的年轮从1921年行走到2021年，中国共产党肩负使命，历经百年奋斗，从小到大、从弱到强，带领中国人民实现了从站起来到富起来再到强起来的历史跨跃，有力推动着中华民族复兴的伟大征程，彰显着党组织的强大力量！

　　穿越历史时空，追寻党的光辉足迹，广东是中国近现代革命的策源地。回溯中国共产党最初创建时的艰难历程，探寻中共广东早期组织创建和发展的内在机理，彰显中共广东早期组织的重要地位，感悟早期共产党人责任担当和开拓创新的伟大精神，是本书编辑出版的应有之义。

　　本书编写时注重从大历史观的角度，把中共广东早期组织的创建，放在近代以来大的革命历史长河的视域中解读，放在全国党史发展的大背景下解读，力求宏观与微观相结合，揭示广东党史与全国党史的内在关系，从而凸显中共广东早期组织在大历史发展中的地位和作用。本书在写作风格上，突破了传统的写作模式，注重抓取重要人物和重要事件的亮点及重要观点的提炼，力求文字清新、通俗易懂，融故事性、可读性、思想性、教育性为一体，从而彰显共产党人的精神特质。希望能带给读者新的感悟。

在此，也特向策划本书的广东人民出版社及负责本书的编辑同志表示衷心感谢！本书内容资料参阅了相关研究专家的前期成果，另有沈志刚、陈东宇参与了本书个别章节内容的编写，在此一并感谢！因时间仓促，我们水平有限，书中难免有错漏、不准确之处，敬请批评指正。

张　棣　朱孟光

2021年6月